Katharina Bertz

Akkulturationsmodelle in der aktuellen Forschung

Metaanalyse neuester wissenschaftlicher Studien über Akkulturation

KULTUR – KOMMUNIKATION – KOOPERATION

herausgegeben von Gabriele Berkenbusch und Katharina von Helmolt

ISSN 1869-5884

1 *Gabriele Berkenbusch und Doris Weidemann (Hrsg.)*
Herausforderungen internationaler Mobilität
Auslandsaufenthalte im Kontext von Hochschule und Unternehmen
ISBN 978-3-8382-0026-2

2 *Vasco da Silva*
Critical Incidents in Spanien und Frankreich
Eine Evaluation studentischer Selbstanalysen
ISBN 978-3-8382-0036-1

3 *Gwendolin Lauterbach*
Zu Gast in China
Interkulturelles Lernen in chinesischen Gastfamilien:
Eine Längsschnittstudie über die Erfahrungen deutscher Gäste
ISBN 978-3-8382-0082-8

4 *Katharina Bertz*
Akkulturationsmodelle in der aktuellen Forschung
Metaanalyse neuester wissenschaftlicher Studien über Akkulturation
ISBN 978-3-8382-0126-9

5 *Sabine Emde*
Immigration und Schwierigkeiten im deutschen Alltag
Eine chinesische Migrantin in Deutschland
ISBN 978-3-8382-0101-6

Katharina Bertz

AKKULTURATIONSMODELLE IN DER AKTUELLEN FORSCHUNG

Metaanalyse neuester wissenschaftlicher Studien über Akkulturation

ibidem-Verlag
Stuttgart

Bibliografische Information der Deutschen Nationalbibliothek
Die Deutsche Nationalbibliothek verzeichnet diese Publikation in der Deutschen Nationalbibliografie; detaillierte bibliografische Daten sind im Internet über http://dnb.d-nb.de abrufbar.

Bibliographic information published by the Deutsche Nationalbibliothek
Die Deutsche Nationalbibliothek lists this publication in the Deutsche Nationalbibliografie; detailed bibliographic data are available in the Internet at http://dnb.d-nb.de.

∞

Gedruckt auf alterungsbeständigem, säurefreien Papier
Printed on acid-free paper

ISSN: 1869-5884

ISBN-10: 3-8382-0126-4
ISBN-13: 978-3-8382-0126-9

Printed in Germany

Inhaltsverzeichnis

Abbildungsverzeichnis

Tabellenverzeichnis

Einleitung

Hintergrund und Zielsetzung der Studie

Im Zuge der Globalisierung rücken die Völker der Welt immer näher zusammen, was unterschiedliche Ursachen hat. Einerseits ist die Immigration in westeuropäische Länder in den letzten Jahren aufgrund der politischen und wirtschaftlichen Instabilität der Herkunftsländer der Migranten drastisch gestiegen (Kosic et al. 2005, 142). Andererseits nimmt aufgrund der zunehmenden internationalen Vernetzung von Konzernen und Unternehmen auch die Zahl auslandsentsandter Firmenmitarbeiter (Expatriates) stetig zu, was ein Grund dafür ist, dass ein oder mehrere Studiensemester im Ausland als Austauschstudent immer selbstverständlicher werden.

Aber auch ethnische Minderheiten wie z.B. indigene Völker müssen sich mit fremden Kulturen auseinandersetzen (vgl. Berry/Sam 2006), da sie zwar im eigenen Land leben, jedoch ebenfalls von einer fremden dominanten Kultur umgeben sind. Alle diese Gruppen von Menschen sind durch das Leben im fremdkulturellen Kontext gezwungen, sich auf verschiedenen Ebenen anzupassen. Ihr Alltag spielt sich in einer fremden Kultur ab und bringt daher neue Herausforderungen mit sich: Bei der Organisation des täglichen Lebens (Einkaufen, Essen, Kinderbetreuung, Behördengänge) sowie in Arbeit, Schule und Studium kommt es ständig zur Konfrontation mit fremdkulturellen Gepflogenheiten, Erwartungen und Werthaltungen. Kulturelle Anpassung wird zur praktischen Notwendigkeit, was sowohl Gefahren als auch großes Potential für persönliches Wachstum birgt. Eine gute, gründliche Vorbereitung und Begleitung des Anpassungsprozesses kann hierbei sehr helfen, den Kulturkontakt positiv zu gestalten sowie Konflikte und Missverständnisse zu vermeiden. Gerade bei Migranten ist eine Unterstützung in Form von Integrationshilfen unterschiedlicher Art von großer Bedeutung, da sie oft das ganze Leben in einer fremden Kultur verbringen und meist kaum die Möglichkeit einer Vorbereitung darauf haben. Dies trifft insbesondere auf Flüchtlinge zu. Bei Expatriates zahlt sich eine gute Vorbereitung und Begleitung des Auslandsaufenthaltes oft auch in barer Münze aus, denn wenn sich Mitarbeiter im Ausland so unwohl fühlen, dass sie ihren Aufenthalt schließlich abbrechen müssen oder wenn sich ihre Unkenntnis der Landeskultur in geschäftlichen Verhandlungen negativ auswirkt bzw. Geschäfte erst gar nicht zustande kommen lässt, können den Unternehmen Kosten in Millionenhöhe entstehen. Andererseits trägt eine fundierte Vorbereitung auf die fremde Kultur auch zu erfolgreichen Geschäften bei.

Es gibt dabei verschiedene Möglichkeiten der Vorbereitung für die betreffenden Personen selbst, die entsendende und aufnehmende Organisation sowie die aufnehmende Gesellschaft, z. B. durch interkulturelle Trainings.

Wissenschaftlich fundierte, möglichst allgemeingültige Modelle, die den Prozess der Akkulturation beschreiben, sind für die Gestaltung solcher unterstützenden Maßnahmen unabdingbar. Modelle haben im Allgemeinen die Funktion, Wissen zu organisieren, zu strukturieren und verfügbar zu halten und dienen der Veranschaulichung einer Theorie. Akkulturationsmodelle im Besonderen bieten Erklärungen für die Veränderungen, die im Verhalten, Fühlen und Denken von Menschen im Verlauf des Akkulturationsprozesses auftreten. Außerdem prognostizieren sie den Verlauf von Akkulturation anhand bestimmter Einflussfaktoren. Diese Erklärungen und Prognosen können für die Konzeption akkulturationsunterstützender Maßnahmen genutzt werden.

Im Bestreben, möglichst optimale, umfassende und allgemeingültige Modelle zu finden, stellen sich folgende Fragen:

- Welche Modelle sind verbreitet?
- Wie wurden die Modelle angesichts von Kritik inzwischen weiterentwickelt?
- Welche alternativen Ansätze/Modelle lassen sich beobachten?

Eine Analyse aktueller, in einschlägigen Fachzeitschriften veröffentlichter, empirischer Studien sowie theoretischer Arbeiten zum Thema Akkulturation soll einen Überblick über die derzeitige Forschungsentwicklung geben und die oben dargestellten Fragen beantworten.

Aufbau der Analyse

Um das Thema sowohl umfassend bearbeiten zu können als auch angemessen zu strukturieren, sollen drei klassische Ansätze – Kulturschockforschung, Akkulturationsforschung sowie Modelle interkulturellen Lernens – aufgegriffen und in einem ersten Schritt in ihren Grundlagen dargestellt werden. Diese Ansätze erscheinen geeignet, da sie sich mit Veränderungsprozessen in Reaktion auf länger andauernden Kulturkontakt und deren Ergebnissen, in anderen Worten mit Akkulturation, auseinandersetzen. Insofern haben sie letztlich denselben Untersuchungsgegenstand. Im Einzelnen sollen das Obergsche Kulturschockmodell, das Akkulturationsmodell von Colleen Ward, das Modell der Akkulturationsstrategien von John W. Berry sowie das Bennettsche Entwicklungsmodell interkultureller Sensibilität behandelt werden. Da diese Vier als die einschlägigsten Akkulturationsmodelle Eingang in Lehre und Lehrbücher gefunden haben und bis heute an Hochschulen und in interkulturellen Trainings gelehrt werden, erscheint eine Fokussierung auf diese Modelle sinnvoll. Sie alle werden u.a. im 2007 erschienenen „Handbuch Interkulturelle Kommunikation und Kompetenz“ (Straub et al., 488) beschrieben, was ihre Aktualität zeigt. Obergs Kulturschockmodell war ausschlaggebend für die Kulturschockforschung und wird noch heute in entsprechenden Handbüchern zitiert (z. B. Landis 2004, 14). Berrys und Wards Akkulturationsmodelle gelten als die aktuellsten der vier klassischen Akkulturationsmodelle – was sich u. a. darin äußert, dass sie im „Handbuch Interkulturelle Kommunikation und Kooperation“ von Alexander Thomas (Thomas 2003, 127, 130) noch als relevante Modelle behandelt werden. Bennetts Stufenmodell hat unter allen Modellen interkulturellen Lernens den größten Bekanntheitsgrad (Weidemann 2007, 494) und findet sich ebenfalls in einschlägigen Handbüchern (z.B. Landis 2004, 153). Im Anschluss an die Beschreibung der Modelle werden sie anhand der typischen Kriterien wissenschaftlicher Qualität kritisch diskutiert: Widerspruchsfreiheit, empirische Überprüfbarkeit, empirische Befundlage, Definition der Begriffe, Präzision und Generalisierbarkeit (Lamnek 1993; 152f, 155).

Im zweiten Teil werden daher auf Grundlage einer Artikelanalyse von drei einschlägigen, wissenschaftlichen internationalen Zeitschriften neueste Forschungsergebnisse mit Blick auf die genannte Kritik dargestellt. Die Analyse findet anhand eines Auswertungsgitters statt, in dessen Rahmen die Artikel auf behandelte Themen und Gruppen, verwendete Modelle, Forschungsmethoden und weitere Punkte hin systematisch untersucht werden. Auf diese Weise ist eine strukturierte (tabellarische) Darstellung der aktuellen Forschungsentwicklung möglich, welche in einem zweiten Schritt ausgewertet wird. In weiteren Gliederungspunkten werden die Kritik an den vier untersuchten Modellen, deren Erweiterungsmöglichkeiten sowie allgemeine Vorschläge für die Akkulturationsforschung zusammengefasst und diskutiert.

1 Kritische Diskussion klassischer Modelle

1.1 Entstehung und Entwicklung der Akkulturationsmodelle

Obwohl die Begegnungen zwischen Menschen unterschiedlicher Kulturen eine lange und oftmals bittere Geschichte haben, wurde die Frage, wie diese Beziehungen von Kultur beeinflusst werden, erst nach dem Zweiten Weltkrieg stärker berücksichtigt (Bennett, 2002, 13). Aufgrund des Erfolgs des Marshallplans hatten die USA beschlossen, auch anderen Ländern Entwicklungshilfe zu leisten, wobei jedoch bald die Ineffizienz der US-Diplomaten und Entwicklungshelfer offenbar wurde. Um 1960 rückten diese Ineffizienz und ihre Auswirkungen in den Blickpunkt zahlreicher wissenschaftlicher Werke und Psychologen begannen, sich intensiv für dieses Forschungsgebiet zu interessieren. Zu Anfang waren Akkulturationstheorien und -forschung stark von den Forschungsgebieten Medizin und Psychiatrie beeinflusst (Ward 1996, 125), sodass die Sichtweise von Kulturkontakt und die daraus resultierenden Veränderungen von einer klinischen Perspektive geprägt waren. Dies zeigt sich auch im „Kulturschockmodell" von Kalervo Oberg, welcher einer der ersten Wissenschaftler war, der das Thema interkulturelle Erfahrung in einem Modell zusammenfasste. Sein 1960 aufgestelltes Kulturschockmodell stellt die Anpassung in zeitlich abgegrenzten, allgemeinen Phasen dar. Im Gegensatz dazu konzentriert sich das Akkulturationsmodell von Berry auf unterschiedliche Akkulturationsstrategien (z.B. Berry 2002; Berry 2005; Berry/Sam 2006) verschiedener Personen, weniger auf Phasen. Ward, die auf Berrys Modell aufbaut (z.B. Ward 1996, 128) geht noch einen Schritt weiter, indem sie Berrys vier Akkulturationsstrategien mit Ergebnissen ihrer eigenen Forschung kombiniert und eine Vielzahl an Einflussfaktoren unterschiedlicher Kategorien nennt. Im Gegensatz zu Berry, der sich in seinem Modell auf den Akkulturationsstress konzentriert, integriert Ward die Stressforschung mit der sozialen Lerntheorie. Obwohl Bennetts Stufenmodell interkultureller Sensibilität (Bennett, 1986) drei Jahre vor Wards Akkulturationsmodell veröffentlicht wurde, bezieht sich Ward in ihrer Theorie nicht erkennbar auf Bennett.

Alle vier genannten Modelle beschreiben Anpassungsvorgänge, wobei mit unterschiedlicher Gewichtung auf die affektive, behaviorale und kognitive Ebene Bezug genommen wird. Obwohl diese Dimensionen nicht immer explizit angesprochen werden, sind sie doch in den Modellen der Forscher enthalten. So z. B. kennzeichnet die Phase des Kulturschocks nach Oberg ein Gefühl der Frustration (affektive Dimension), stereotype Wahrnehmung der Gastlandsangehörigen (kognitive Dimension) und einen Rückzug in das eigenkulturelle Umfeld (behaviorale Dimension). Allen Modellen liegen außerdem dichotome Kategorien des Eigenen und Fremden zugrunde (Weidemann 2007, 495).

Die Erforschung von Akkulturation und interkulturellem Lernen ist in verschiedenen Disziplinen verankert, vor allem der Ethnologie, Soziologie, Pädagogik, Psychologie und internationalen Personalwirtschaft.

1.2 Grundlegende Begriffe

Zunächst soll der Begriff „Anpassung" definiert sowie seine Verwendung in dieser Abhandlung näher bestimmt werden. „Anpassung" beschreibt die – kognitive, behaviorale oder affektive – Annäherung an die fremde Kultur. Als Indizien dafür werden u. a. deren Akzeptanz, Zufriedenheit sowie Bewältigung des Alltags genannt (Ward 1990, 2). Anpassung hat sowohl eine psychologische als auch eine soziokulturelle Komponente, sie ist die Fähigkeit „hineinzupassen" (ebd.). Anpassung darf jedoch nicht mit Akkulturation gleichgesetzt werden, die in Punkt 1.4 näher erläutert wird.

Personen, die sich längere Zeit in einer fremden Kultur aufhalten, dort interkulturell lernen und einen Akkulturationsprozess durchlaufen, werden – egal ob es sich um auslandsentsandte Mitarbeiter, Missionare oder Studenten handelt – mangels eines adäquaten deutschen Begriffes auch in der deutschen Literatur zusammenfassend als ‚Sojourners' bezeichnet. Diese Gruppe gilt seit den 1950er Jahren als eigene Zielgruppe der Forschung (Weidemann 2004, 19). Im Gegensatz zu Immigranten ist der Auslandsaufenthalt von ‚Sojourners' von vornherein begrenzt (ebd.). Da Akkulturationsprozesse sowohl Sojourners als auch Migranten betreffen, werden hier beide Gruppen behandelt.

1.3 Kulturschockforschung

1.3.1 Begriffsbestimmung Kulturschock

In der Literatur wird der Kulturschock meist als normaler „Anpassungsprozess aufgrund von kulturell bedingtem Stress" definiert (Church 1982, 540). Der US-amerikanische Anthropologe Oberg beschreibt mit dem Begriff „Kulturschock" die Schwierigkeiten, welche durch das Leben in einem ungewohnten Umfeld entstehen, was sich auch in Symptomen wie Hilflosigkeit, Verwirrtheit, Ängstlichkeit sowie dem Wunsch nach einer berechenbareren Umgebung äußert (Oberg, 1960, 177f.). Da der „Kulturschock" in Obergs Akkulturationsverständnis eine zentrale Rolle spielt, ist auch sein Akkulturationsmodell danach benannt.

1.3.2 Das Kulturschock-Modell nach Oberg

Als Phasenmodell dient Obergs Modell der Beschreibung kultureller Anpassung im Ausland (vgl. Weidemann 2007, 489). Oberg (1960, 177) unterteilt den Prozess der Anpassung an eine fremde Kultur in die vier Phasen Euphorie, Kulturschock, Erholung und Anpassung. In Anlehnung an Lysgaards Modell (1955) weist auch Obergs Anpassungskurve einen U-Form-ähnlichen Verlauf auf. Da Oberg mit diesem Phasenmodell den Begriff „Kulturschock" einführt und die „Kulturschockphase" in seinen Ausführungen eine zentrale Rolle spielt, soll etwas ausführlicher auf diese zweite Phase seines Modells eingegangen werden.

Mit dem ersten oberflächlichen, aber freundlichen Kontakt sowie den zahlreichen neuen Eindrücken sind die meisten Menschen fasziniert von dem Neuen (Phase der Euphorie; „Honeymoon"). Die Faszination und Begeisterung kann wenige Wochen bis hin zu sechs Monaten andauern. Während dieser Phase wohnen Sojourners häufig im Hotel, sind von freundlichen und wohlwollenden Einheimischen des Landes umgeben, welche ihre Sprache sprechen und den

Umgang mit Ausländern gewohnt sind. Sie befinden sich auf diese Weise noch abgeschirmt vom realen Leben des betreffenden Landes.

Bleibt ein Sojourner jedoch länger dort und ist er gezwungen, sich an die wirklichen Lebensumstände des Landes anzupassen, beginnt die zweite Phase, die Kulturschockphase. Durch den Verlust der vertrauten Gepflogenheiten, ernsthafte Schwierigkeiten in der Alltagsbewältigung und das daraus resultierende Gefühl von Fremdheit stellen sich Frustration und Angst ein, wobei die persönliche Einstellung der Person laut Oberg keine Rolle spielt. Auch guter Wille und Weltoffenheit können das Gefühl von Frustration nicht verhindern (Oberg 1960, 177). Überall gibt es Probleme: in Schule, Sprache, im Haus, Verkehr, Einkauf etc. In Reaktion darauf kommt es zunächst zur *Ablehnung* der fremden Umgebung, welche aus Sicht des Sojourners Schuld an den eigenen Schwierigkeiten hat. Diese Schuldzuweisung geht bis hin zu der Behauptung, die Hindernisse seien absichtlich von den Angehörigen der Gastkultur aufgebaut worden. Die feindliche Einstellung gegenüber den Gastlandsangehörigen und die zunehmend stereotype Wahrnehmung derer sind Effekte, die innerhalb von Ausländergruppen durch gegenseitige Bestätigung noch verstärkt werden. Dies resultiert schließlich im psychischen und praktischen *Rückzug* in das eigenkulturelle soziale Umfeld, wobei auch die eigene Heimat glorifiziert und Erinnerungen daran positiv verzerrt werden. Auch körperliche und psychische Symptome des Kulturschocks wie z. B. Heimweh, übertriebene Bedenken beim Konsum einheimischer Speisen und sogar übertriebenes Händewaschen werden von Oberg beschrieben (Oberg 1960, 178). Der Grad der Betroffenheit durch den Kulturschock ist jedoch von der jeweiligen Person abhängig (ebd.). Oberg vergleicht Akkulturation (in seinen Worten Kulturschock) mit einer Krankheit, da die davon Betroffenen nicht in der Lage sind, ihrer Arbeit und ihrer Rolle innerhalb der Gemeinschaft gerecht zu werden. Die Phase des Kulturschocks selbst wird als Krise dieser Krankheit angesehen, nach deren Überwindung eine Erholung eintritt bzw. bei deren Nicht–Überwindung der Aufenthalt abgebrochen wird.

Mit zunehmender Kenntnis der Gastkultur, zunehmender Sprachfertigkeit und Selbstständigkeit in der Alltagsbewältigung wird schließlich die Phase der „Erholung" eingeleitet (ebd., 179), welche auch mit einer veränderten inneren Einstellung einhergeht. Weiterhin bestehenden Schwierigkeiten wird nun humorvoll begegnet, wobei der Humor in dieser Phase noch dem Überlegenheitsgefühl über die fremde Kultur entspringt.

In der vierten Phase kommt es schließlich zur tatsächlichen Akzeptanz der fremden Gepflogenheiten (ebd.). Trotz einiger Belastungen fällt nun die Ängstlichkeit im täglichen Interagieren weg. Während die Umgebung gleich bleibt, ändert sich die Einstellung ihr gegenüber, sodass sie kein Störfaktor mehr ist. Die eigenen Unannehmlichkeiten werden nicht länger auf die Umgebung projiziert, stattdessen werden die fremden Gepflogenheiten akzeptiert und sogar mit Freude wahrgenommen. Oberg beschreibt für seine letzte Phase die Entwicklung zwei unterschiedlicher Modi des Verhaltens (eigenkulturell und fremdkulturell) und betont, dass die Aufgabe des eigenkulturellen Verhaltens keine Voraussetzung für das Verstehen der fremden Kultur ist.

1.3.3 Kritische Diskussion

Der Begriff „Kulturschock", den Oberg als Überschrift für sein Modell wählt, wurde aufgrund seiner negativen Assoziationen häufig kritisiert (Weidemann 2007, 489; Berry/Sam 2006, 43). Der Begriff „Kulturschock" sollte daher durch „Akkulturationsstress" ersetzt werden, da das darin enthaltene Wort „Stress" seine theoretische Grundlage in Studien hat, welche den Umgang mit so genannten Stressoren (negativen Erfahrungen) untersuchen (Berry et al. 1992, 362). Der Begriff „Kulturschock" hingegen ist auch aufgrund seines pathologischen Untertons weniger geeignet (Berry 2002, 362). Häufig wird das Konstrukt „Kulturschock" als Beschreibung oder Erklärung von Akkulturation verwendet, wobei es sich weder für das eine noch das andere eignet. Es reicht nicht aus, um die Art der psychologischen und emotionalen Schwierigkeiten oder die Anforderungen an die Anpassungsleistung von Sojourners zu beschreiben und als Erklärung behindert es die Untersuchung von Variablen, welche den Anpassungsprozess bestimmen (Ward 1990, 2).

Wie Oberg schon andeutet, sind das Eintreten und die Dauer verschiedener Anpassungsphasen nicht nur von der Länge des Aufenthaltes abhängig, sondern vor allem auch von der Intensität der Konfrontation des Sojourners mit den wirklichen Lebensumständen des Gastlandes. An dieser Stelle könnte noch näher untersucht werden, inwiefern der soziale Lebenskontext das Tempo und die Intensität der Anpassung beeinflusst. Des Weiteren wäre es aufschlussreich, in Untersuchungen des Anpassungsprozesses auch verschiedene persönliche Eigenschaften einzubeziehen, wobei besonders psychologische Eigenschaften wie Frustrationstoleranz, Offenheit und Sensibilität interessant wären. In dieser Hinsicht ist Obergs Modell nur wenig differenziert.

Obwohl Oberg in seinem Kulturschock-Artikel Ethnozentrismus beschreibt, trifft sein Modell über eine eventuelle Veränderung der eigenen Perspektive vom Ethnozentrismus zum Ethnorelativismus keine Aussage. Auch eine mögliche Erleichterung späterer Anpassungsprozesse durch Erfahrung wird in dem Modell nicht beschrieben (Church 1982, 541).

Interessant ist außerdem die Frage, ob die Reihenfolge der Phasen veränderlich ist, ob alle Phasen durchlaufen werden müssen oder einige von manchen Menschen übersprungen werden können (ebd.). Kritisiert wird, dass die empirische Literatur in der Behandlung des U-Kurven-Modells bei einer reinen Beschreibung stehen bleibt, nicht jedoch diskutiert, wie und weshalb die Phasen durchlaufen werden. Vor allem das Auftreten der Phase der Euphorie ist demnach nicht ausreichend begründet bzw. wird in Zweifel gezogen (Black/Mendenhall 1991a, 232).

Eine Verallgemeinerung von Obergs Aussagen wird durch die erkennbar US-amerikanische Perspektive des Modells erschwert. Diese äußert sich beispielsweise in den von ihm genannten Kulturschock-Symptomen, wie etwa exzessives Händewaschen, Ärger über Verspätungen sowie die Angst vor Betrug, welche bestimmte, westlich-amerikanische, kulturelle Prägungen voraussetzen. Diese Perspektive erklärt sich durch den Umstand, dass sich die Aussagen hauptsächlich auf US-Amerikaner in Brasilien beziehen (Oberg 1960). Leider wird in dem Artikel jedoch nicht konkret beschrieben, auf welche Untersuchungen in welchem Kontext sich die Aussagen stützen.

Eine Schwierigkeit bei der Untersuchung von Anpassungsprozessen wird von Oberg selbst im Artikel angedeutet: Da Kultur mehr ist als nur Nation, gilt es, wichtige Aspekte wie etwa die Zugehörigkeit zu verschiedenen gesellschaftlichen Schichten oder ethnischen Gruppen innerhalb einer Nation, städtische oder ländliche Herkunft etc. in der Untersuchung zu berücksichtigen (ebd., 181). Jedoch wird der Einfluss dieser Faktoren auf den Anpassungsprozess in Obergs Modell nicht näher beschrieben.

Schließlich mangelt es dem U-kurvenförmigen Verlauf der Anpassung des Obergschen Modells an Bestätigung durch empirische Langzeitstudien. Dies ist unter anderem darauf zurückzuführen, dass nur wenige empirische Studien von Aufenthalten in fremden Kulturen wie Obergs Modell an der affektiven Ebene orientiert sind. So z. B. konzentrieren sich Untersuchungen von bildungsmotivierten Austauschaufenthalten auf Aspekte wie akademische oder berufliche Leistung und Zufriedenheit sowie den Grad der sozialen Interaktion mit den Gastlandsangehörigen etc. und nehmen kaum Bezug auf Obergs Modell (Church 1982, 541). Wenn es empirische Untersuchungen gibt, fehlen diesen meist die statistischen Tests zur Untermauerung der Ergebnisse (Black/Mendenhall 1991a, 228). Außerdem sind viele der empirischen Studien retrospektiv und daher aufgrund von Erinnerungslücken oder verzerrten Erinnerungen der Probanden ungenau. Das unterstreicht die Wichtigkeit von Langzeitstudien, welche diesem Effekt durch mehrere Befragungen über den jeweils aktuellen Zeitpunkt entgegenwirken.

Auch die unterschiedliche Definition von „Anpassung“, welche eine der beiden Variablen in Obergs U-Kurvenmodell ist, ist eine mögliche Erklärung dafür, dass über die Anpassung in den empirischen Studien unterschiedliche Aussagen gemacht werden.

Des Weiteren wird die Dauer bis zum Erreichen der letzten Stufe in empirischen Untersuchungen so unterschiedlich bestätigt (6 Monate bis hin zu 5 Jahren), dass das Modell extrem flexibel und damit – gemäß Church – letztendlich bedeutungslos wird (Church 1982, 543).

1.4 Akkulturationsforschung

1.4.1 Begriffsbestimmung Akkulturation

Akkulturation beschreibt Veränderungsprozesse sowie deren Ergebnisse, die durch einen länger währenden, direkten Kulturkontakt entstehen (Weidemann 2007, 490; Berry 2002, 350).

> "Acculturation is the dual process of cultural and psychological change that takes place as a result of contact between two or more cultural groups and their individual members. At the group level, it involves changes in social structures and institutions and in cultural practises." (Berry 2005, 698)

Jedoch wird dieser Begriff in der Forschung sehr unterschiedlich verwendet. Akkulturation beschreibt nicht etwa die Annäherung an die neue Kultur, sondern nur die Reaktion auf den Kulturkontakt, deren Ergebnisse sowohl in der Übernahme als auch in der Ablehnung fremdkultureller Elemente bestehen können (Weidemann 2007, 491). Damit ist eine eindeutige Abgrenzung der „Akkulturation" vom Begriff „Anpassung" gegeben, obwohl diese beiden Begriffe in der Literatur oft synonym verwendet werden.

Akkulturationsprozesse betreffen Menschen in sehr verschiedenen Kontexten: Sowohl Personen, welche sich langfristig im kulturfremden Raum aufhalten wie Flüchtlinge, Asylsuchende und Einwanderer (Migranten), als auch Personen, die nur relativ kurzfristig dort leben, wie etwa Austauschstudenten oder Fachkräfte im Auslandseinsatz (Sojourners), sind davon betroffen. Daneben betrifft Akkulturation auch Angehörige ethnischer Minderheiten wie etwa indigener Völker. Die folgenden beiden Akkulturationsmodelle konzentrieren sich auf die Akkulturation von Sojourners, sind jedoch auch für Migranten anwendbar.

1.4.2 Akkulturationsstrategien nach John W. Berry

Insbesondere aus psychologischer Sicht unterscheidet Berry zwischen der Akkulturation von Gruppen und Individuen. Während bei der Akkulturation von Gruppen Veränderungen in der Gesellschaftsstruktur, auf wirtschaftlicher Basis sowie Veränderungen der politischen Organisation auftreten, betreffen die Akkulturationsveränderungen auf individuellem Niveau die persönliche Identität,

Werte und Einstellungen (Berry 2002, 350). In beiden Fällen kann der Akkulturationsprozess sowohl destruktiv (z. B. im Fall der Eliminierung oder Absorbierung der nicht-dominierenden Kultur) als auch reaktiv (wenn Individuen bzw. Gruppen sich auf ihre Kultur zurückbesinnen bzw. sie wieder aufleben lassen) oder kreativ (wenn aus dem Kontakt allmählich neue Kulturen entstehen) sein.

In Übereinstimmung mit der Beschreibung der Modelle von Oberg und Ward soll im Folgenden die Akkulturation von Individuen im Mittelpunkt stehen.

Die Veränderungen, denen Individuen im Akkulturationsprozess ausgesetzt sind, umfassen sowohl relativ leicht erworbene behaviorale Veränderungen wie die Art des Sprechens, Essens, der Kleidung und der kulturellen Identität als auch problematischere Veränderungen etwa infolge der Konfrontation mit fremden Werten auf affektiver Ebene, die Akkulturationsstress auslösen, wie Unsicherheit, Ängstlichkeit oder Depressionen bis hin zu psychischen Krankheiten. Anpassung kann primär innerlich, auf psychologischer Ebene (z.B. in Bezug auf Zufriedenheit, Selbstbewusstsein) als auch auf soziokultureller Ebene (in Bezug auf soziale Beziehungen in der neuen Gesellschaft) stattfinden (ebd., 352).

Da Personen, die Akkulturationsprozesse durchlaufen, individuell unterschiedliche psychologische Merkmale aufweisen, ist auch die Intensität dieses Prozesses individuell unterschiedlich.

Akkulturationsstrategien haben nach Berry meist die beiden Komponenten innere Einstellung und Verhalten, welche sich in täglichen Interaktionssituationen offenbaren. Dabei passt das, was ein Individuum bevorzugt und sucht (Einstellung) nur selten exakt mit dem, was es tatsächlich fähig ist zu tun (Verhalten), zusammen. Diese Diskrepanz wird in der Sozialpsychologie meist der Existenz sozialer Verhaltensbeschränkungen zugeschrieben (ebd.). Trotzdem ist häufig eine positive Korrelation zwischen Einstellungen und Verhalten zu beobachten.

Menschen in Akkulturationsprozessen wenden verschiedene Akkulturationsstrategien an; nicht jeder sucht Kontakt zur neuen Kultur und selbst unter denen, die dies tun, ist nicht jeder bestrebt, seine Kultur und sein Verhalten der fremden Kultur anzugleichen (ebd., 353). Bei Berry werden die vier folgenden Akkulturationsstrategien unterschieden: Assimilation, Integration, Separation und Marginalisierung. Diese Unterscheidung gründet sich auf zwei Dimensionen: Orientierung an der eigenen Gruppe sowie Orientierung an der Fremdgruppe. Orientierung an der eigenen Gruppe heißt, die Bewahrung der eigenen Herkunftskultur und -identität zu bevorzugen, während Orientierung an der Fremdgruppe heißt, den Kontakt mit und das Teilhaben an der Mehrheitsgesellschaft vorzuziehen.

Positive oder negative Einstellungen zu den beiden genannten Dimensionen führen zur Ausbildung der vier Akkulturationsstrategien: Bei Personen, die weder das Interesse oder die Möglichkeit haben, ihre eigene Herkunftskultur zu bewahren noch Beziehungen zu Angehörigen der Mehrheitskultur aufzubauen, ist von *Marginalisierung* die Rede (vgl. Abb. 1).

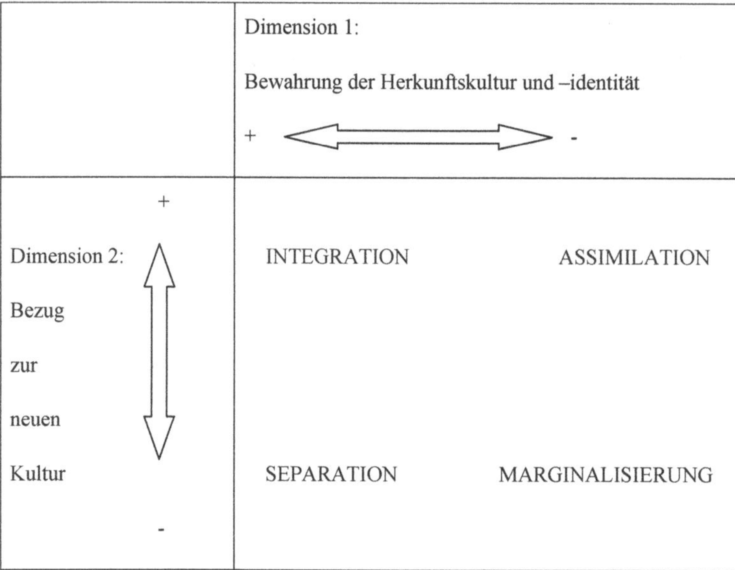

Abbildung 1: Akkulturationsstrategien

Quelle: eigene Darstellung

Personen, die dagegen ihre eigene Kultur bewahren, jedoch ebenfalls kaum Kontakt zu Angehörigen der Mehrheitskultur aufbauen, verfolgen die Strategie der *Separation.* Ist es umgekehrt, hat eine Person kein Interesse an der Bewahrung der eigenen Herkunftskultur, dafür aber umso mehr an einem guten und intensiven Kontakt zur Majoritätskultur, spricht man von der Strategie der *Assimilation.* Wer sich sowohl seine eigene Kultur bewahrt als auch eine Partizipation an dem größeren sozialen Netzwerk als fest zugehöriger Bestandteil anstrebt, verfolgt die Strategie der *Integration.* Integration ist dabei die bevorzugte Strategie, die auch zur höchstmöglichen Anpassung führt (Berry in Ward 2004, 197).

Berry unterscheidet die Akkulturationsgruppen Migranten, Sojourners, Flüchtlinge, indigene Bevölkerung und langzeit-sesshafte Bevölkerung (Berry 2005, 700). Er trifft seine Unterscheidung somit nach deren Mobilität und der Freiwilligkeit des Kontaktes (Ward 2008, 110). Während die ersten drei Gruppen im Gegensatz zu den letzten beiden Gruppen mobil sind, ist der Kulturkontakt bei indigener Bevölkerung im Zuge der Kolonisierung sowie bei Flüchtlingen und jenen Migranten, welche ihr Heimatland verlassen wollten, sich jedoch nicht bewusst für das Leben in der Gastgesellschaft entschieden haben, unfreiwillig. Weiterhin werden Personen im Prozess der Akkulturation nach der Zeit ihres Aufenthalts - ständig oder temporär - unterschieden (Berry in Ward 2008, 111). Personen, die sich ständig in der fremdkulturellen Umgebung aufhalten, bei denen der Kulturkontakt unfreiwillig ist und die nicht sesshaft sind, erleben dabei den größten Akkulturationsstress (ebd.).

Dieses Akkulturationsmodell geht von der Annahme aus, dass nicht-dominante Gruppen und ihre individuellen Mitglieder die Freiheit haben, zu wählen, wie sie sich in interkulturellen Beziehungen engagieren wollen (Berry/Sam 2006, 35). Dies ist jedoch nicht immer der Fall, wie beispielsweise bei einer Erzwingung ganz bestimmter Beziehungen durch die dominante Gruppe oder einer Beschränkung der Strategiewahl nicht-dominanter Gruppen bzw. Individuen. Dies wird vor allem in Bezug auf die Integration deutlich, da diese Strategie nur dann frei gewählt und erfolgreich verfolgt werden kann, wenn die dominante Gesellschaft für kulturelle Vielfalt offen ist. Ein gegenseitiges Entgegenkommen ist Bedingung für eine erfolgreiche Integration, wobei beide Gruppen, sowohl die dominante als auch die nicht-dominante, das Recht aller Gruppen, als kulturell verschiedene Mitglieder derselben Gesellschaft zu leben, akzeptieren müssen. Nicht-dominante Gruppen müssen die Grundwerte der Mehrheitsgesellschaft akzeptieren, während die dominante Gruppe zugleich darauf vorbereitet sein muss, nationale Institutionen (z.B. Bildung, Gesundheit, Arbeit) besser an die Bedürfnisse aller in der pluralistischen Gesellschaft lebenden Gruppen anzupassen (Berry 2002, 355). Die Strategie der Integration kann nur in explizit multikulturellen Gesellschaften unter folgenden psychologischen Vorbedingungen verfolgt werden: Verbreitete Akzeptanz des Wertes einer von kultureller Vielfalt geprägten Gesellschaft, relativ geringe Ausprägung von Vorurteilen, positive Einstellung unterschiedlicher ethnokultureller Gruppen zueinander (minimaler Ethnozentrismus, Rassismus und minimale Diskriminierung) und ein Zugehörigkeitsgefühl der Individuen und Gruppen zur Mehrheitsgesellschaft (Berry/Sam 2006, 36). Die Strategien der Integration sowie der Separation können wiederum nur verfolgt werden, wenn ausreichend Angehörige der eigenen ethnokulturellen Gruppe ebenfalls den Wunsch haben, das eigenkulturelle Erbe zu bewahren (Berry 2002, 355). Es gibt jedoch auch andere Einflüsse auf die Wahl der Akkulturationsstrategie. So z.B. führen rein körperliche Merkmale, die Ausländer von Angehörigen der Mehrheitsgesellschaft unterscheiden (z.B. bei Türken in Deutschland) zu verstärkten Vorurteilen gegen diese und zu Diskriminierung, weshalb die Wahl der Strategie „Assimilation“ für die Betroffenen praktisch nicht möglich ist.

Zwischen den Akkulturationsstrategien existieren alle möglichen Beziehungen, welche auch empirisch nachgewiesen werden konnten. Bei Berrys Modell der vier Akkulturationsstrategien erübrigt sich die Darstellung des „Grades“ oder „Niveaus“ der Akkulturation. Stattdessen kann der Grad bzw. das Niveau der Unterstützung für jede der vier Strategien aufgezeigt werden (Berry 2002, 356). Oft wird jedoch Integration als bevorzugte Strategie betrachtet, was in Punkt 4.1 näher erläutert wird.

1.4.3 Das Akkulturationsmodell nach Colleen Ward

Nach Ward kann Akkulturation als Zustand oder Prozess angesehen werden, wobei im ersten Fall anhand von kulturspezifischen kognitiven, behavioralen und affektiven Merkmalen nur der Akkulturationsgrad gemessen wird. Akkulturation als Prozess bezieht dagegen auch Veränderungen im Laufe der Zeit mit ein (Ward 1996, 124).

Um die verschiedenen Ansätze der Kulturkontaktforschung zu integrieren, schlagen Ward und Kollegen die Aufteilung von Akkulturation in zwei Bereiche, in psychologische und soziokulturelle Anpassung, vor.

Psychologische Anpassung meint das psychische Wohlbefinden und die Zufriedenheit im Ausland, welche Ward und Kollegen mit Hilfe klinischer Skalen zur Messung depressiver Symptome erfassen. Sie ist stark von Faktoren wie persönlicher Flexibilität, interner Kontrollüberzeugung, Lebensveränderungen, Bewältigungsstrategien und sozialer Unterstützung abhängig. Mit interner Kontrollüberzeugung ist gemeint, dass Personen sich weniger abhängig von anderen Personen oder äußeren Umständen fühlen, sondern vielmehr der Überzeugung sind, dass sie selbst ihre Aktionen und vor allem deren Wirkungen kontrollieren können (Ammon 2006, 2). Psychologische Schwierigkeiten bei Sojourners gehen mit einer Häufung von Lebensveränderungen, Einsamkeit, Stress und ablehnenden Bewältigungsstrategien einher (Ward 1999, 661).

Soziokulturelle Anpassung dagegen bezieht sich auf die Effektivität der Interaktionen in der neuen Umgebung (Weidemann 2007, 492). Sie ist im Gegensatz zur psychologischen Anpassung stärker von Faktoren beeinflusst, die kulturelles Lernen und den Erwerb sozialer Fähigkeiten bestimmen. Dazu gehören zum Beispiel die Dauer des Aufenthaltes, das Wissen über die Kultur, die Intensität des Kontaktes, Identifikation mit Einheimischen, Kulturdistanz, Sprachfertigkeit und Akkulturationsstrategien (Ward 1999, 661).

Während die psychologische Anpassung sich erkennbar auf die affektive Dimension bezieht, entspricht die soziokulturelle Anpassung mehr der behavioralen Ebene der Anpassung. Kognitive Faktoren dagegen versteht Ward eher als Mediatoren.

Die soziokulturelle Anpassung folgt einer vorhersagbaren Lernkurve mit einer starken Steigung während der ersten Monate und einer geringeren Steigung danach. Anpassungsprobleme werden demnach stetig verringert. Wards eigene Langzeitstudie von Freiwilligen in Neuseeland sowie andere Langzeitstudien belegen dies (Ward 1996, 132).

Auch bei der psychologischen Anpassung werden die größten Schwierigkeiten in der Anfangsphase erlebt, ansonsten ist die Lernkurve hier jedoch stärkeren Schwankungen unterlegen als die Kurve der soziokulturellen Anpassung.

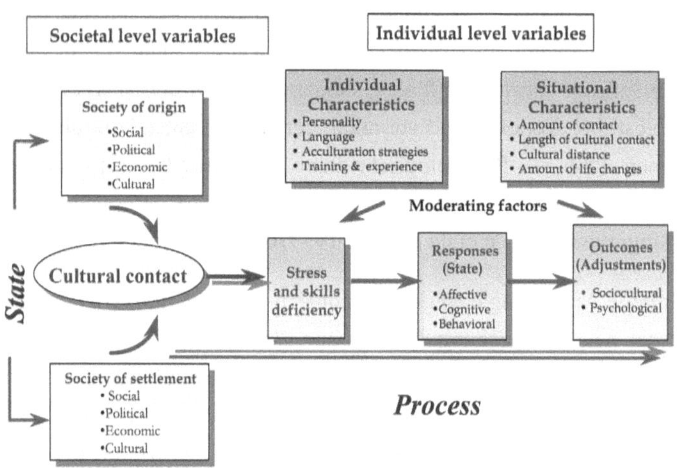

Abbildung 2: Akkulturationsprozess

Quelle: Norhayati Zakaria (2000)

Eine besondere Bedeutung im Anpassungsmodell von Colleen Ward haben die Einflussfaktoren auf Akkulturation in der Ausgangssituation und im Akkulturationsprozess (vgl. Abb. 2). In der Ausgangssituation verortete soziale, politische, ökonomische und kulturelle Faktoren der Herkunfts- sowie der Gastgesellschaft gestalten den Kulturkontakt. Kulturkontakt wird dabei als ein „einschlägiges Ereignis im Leben, welches von Stress, Desorientierung und Lerndefiziten gekennzeichnet ist“, betrachtet (Weidemann 2006, 323). Der Wegfall des Vertrauten führt zu einem Defizit an Fähigkeiten und das Erleben der Unterschiede zwischen den Gesellschaften löst Stress aus (Ward, 1996, 129). Sowohl individuelle Variablen (z.B. Persönlichkeit, Sprachfertigkeit, Training und Erfahrungen, Akkulturationsstrategien) als auch gesellschaftliche Variablen (Dauer des Kulturkontaktes, Intensität des Kontaktes, Kulturdistanz, Intensität der Lebensveränderungen) haben Einfluss auf den Akkulturationsprozess und dessen Wirkung. Auch Gemeinsamkeiten und Unterschiede zwischen der eigenen und der Fremdkultur, die sogenannte kulturelle Distanz, ist ein bedeutender Einflussfaktor. Verschiedene Studien haben gezeigt, dass die Anpassungsschwierigkeiten mit zunehmender kultureller Distanz größer werden. So z.B. hatten chinesische Studenten in Singapur wesentlich weniger Anpassungsschwierigkeiten als nicht-chinesische Studenten (Ward 1999, 663). Die Reaktionen auf den Stress und die Defizite im Handlungsrepertoire finden auf affektiver, behavioraler und kognitiver Ebene statt, was sowohl psychologische als auch soziokulturelle Wirkungen hat.

Im Gegensatz zu Oberg nennt Ward auch Ergebnisse der Akkulturation: eine breitere Weltsicht, verringerter Ethnozentrismus, höhere Selbsterkenntnis sowie ein höheres Selbstwertgefühl. Zunächst zeigt Akkulturation ihre Wirkung im physischen und psychischen Wohlbefinden; später auch in der Verhaltenskompetenz (Ward 1996, 127). Ward nennt außerdem drei positive Einflussfaktoren auf interkulturelle Effizienz: die Fähigkeit, psychologischen (interkulturellen) Stress zu bewältigen, die Fähigkeit zur effektiven Kommunikation und die Fähigkeit zum Aufbau zwischenmenschlicher Beziehungen (ebd.).

1.4.4 Kritische Diskussion

Obwohl die psychologischen Akkulturationsmodelle zahlreiche Schwächen der Kulturschockforschung überwinden konnten, sind auch sie von konzeptuellen und inhaltlichen Mängeln betroffen. Unter anderem ist der essentialistische Kulturbegriff problematisch, da er Personen als Vertreter ihrer Kultur beschreibt. Diese eindeutige Zuordnung einer Person zu einer Kultur entspricht aktuellen Kulturkonzepten jedoch nicht mehr, da heutige Gesellschaften und Individuen stark multikulturell geprägt sind (Weidemann 2007, 493). Auch das in den Modellen fest verankerte zentrale Konzept des Kulturkontaktes muss daher begrifflich und konzeptionell neu geklärt werden. Eine ansatzweise Antwort auf dieses Problem findet sich im Konzept der kulturellen Identitäten, wo verschiedene Identitäten (Ethnie, Staatsbürgerschaft, Nation, Herkunft) als zwar unabhängig voneinander, jedoch verschachtelt beschrieben werden, wie es etwa der Begriff Italo-Australier verdeutlicht (Berry 2002, 358). Auch ist die implizite Annahme, dass allein das Überschreiten nationaler Grenzen schon zu interkultureller Erfahrung führt, nicht unproblematisch, da für echte interkulturelle Erfahrung einige Bedingungen – wie z.B. direkter Kontakt mit Einheimischen – gegeben sein müssen.

Des Weiteren werden die mangelhafte Einbindung von Entwicklungs- und Persönlichkeitstheorien in die Akkulturationsforschung sowie die mangelhafte Aufarbeitung sozialpsychologischer Theorien, der Stressforschung und aktueller Lerntheorien kritisiert, da eine disziplinübergreifende Aufarbeitung von Theorien und Forschungsbefunden dringend notwendig ist (Weidemann 2007, 493).

Bei Ward ebenso wie bei Berry wird zwar das Auftreten von Akkulturationsstress beschrieben, jedoch beschreibt keines von beiden Modellen, inwiefern der Grad des erlebten Akkulturationsstresses mit der Akkulturationswirkung korreliert. Kealey etwa beschreibt in seiner Längsschnittstudie das Phänomen, dass manche Personen, die sehr starken Akkulturationsstress erleben, schließlich höhere Kompetenz im Wissenstransfer und in der Vermittlung von Fertigkeiten aufweisen (Kealey 1989, 407).

Im Akkulturationsmodell von Ward verläuft die psychologische Anpassung in einer Lernkurve, die starken Schwankungen unterworfen ist. Trotzdem werden gemäß Ward die größten Schwierigkeiten in der Anfangsphase erlebt. Dieser Annahme widersprechen jedoch die Ergebnisse der Längsschnittstudie von Kealey, wonach 30% der Befragten schon auf einem relativ hohen Zufriedenheitsniveau in die neue Kultur eintreten und auf diesem Niveau bleiben. 10% stellen überhaupt keine Veränderung fest und weitere 15% sind gleichbleibend unzufrieden (ebd., 406). Diesen unterschiedlichen Verläufen der psychologischen Anpassung wird Berrys Modell durch die vier unterschiedlichen Akkulturationsstrategien besser gerecht. Es wäre außerdem interessant zu erfahren, welche Faktoren zu welchen Anpassungsverläufen führen.

Wie bei allen Studien, die auf Selbsteinschätzung von Probanden basieren, besteht auch hier das Problem, dass diese Selbsteinschätzung aufgrund einer falschen Wahrnehmung der Probanden bzw. deren Wunsch, von sich selbst und anderen als kompetent wahrgenommen zu werden, eine absolute Gültigkeit der Ergebnisse in Frage stellt. Hier sollte auch untersucht werden, wie die Probanden von anderen Personen, sowohl Landsleuten als auch Angehörigen der Gastgesellschaft, eingeschätzt werden.

Problematisch in der Akkulturationsforschung ist außerdem deren einseitige Konzentration auf Prädikatoren, Moderatoren und Ergebnisse des Akkulturationsprozesses, welche dazu führt, dass meist Fragebögen und nur wenig qualitative Längsschnittstudien verwendet werden (Weidemann 2007, 493; Ward 1996, 132).

1.5 Modelle interkulturellen Lernens

1.5.1 Begriffsbestimmung interkulturelles Lernen

Unter interkulturellem Lernen versteht man die teilweise Aneignung der fremden Kultur sowie eine Neupositionierung im Bezug zur eigenen Kultur (Weidemann 2007, 494). Interkulturelles Lernen wird in diesem Kontext auch als „kulturelle Anpassung“ bezeichnet, wodurch es in inhaltliche Nähe zu dem oben dargestellten Akkulturationsverständnis rückt.

In der Anpassungsforschung wird das Lernen zumeist als impliziter, psychologischer Prozess behandelt, der zwischen dem Kulturkontakt und der Wirkung der Anpassung stattfindet. Oft wird es als Reaktion auf die erlebten Defizite in den Fähigkeiten und im Wissen betrachtet (Weidemann 2006, 321).

1.5.2 Das Bennettsche Entwicklungsmodell interkultureller Sensibilität

Ebenso wie andere Stufenmodelle wurde auch Bennetts Stufenmodell entwickelt, um den Lernprozess inhaltlich zu beschreiben. Es stellt aufeinander folgende Stadien des Lernfortschritts dar (vgl. Weidemann 2007, 494).

Zentrales Konstrukt in Bennetts Modell ist die interkulturelle Sensibilität. Bennett definiert diese als die Erfahrungen, welche unterschiedliche Interpretationsweisen kultureller Unterschiede mit sich bringen (Bennett 1993, 24) bzw. als kognitive Vielschichtigkeit im Sinne einer erweiterten Differenzierung kultureller Kategorien (ebd., 25).

In Milton J. Bennetts Entwicklungsmodell wird interkulturelle Sensibilität in Stufen persönlichen Wachstums betrachtet und erklärt. Sein Modell setzt eine kontinuierliche Erkenntniszunahme im Umgang mit Kulturunterschieden voraus. Diese vollzieht sich in der Entwicklung vom Ethnozentrismus zum Ethnorelativismus, wobei sich der Ethnorelativismus in Stufen größerer Erkenntnis und Akzeptanz von Unterschieden äußert (ebd., 22). Voraussetzung für die höheren Stufen des Modells ist das Durchlaufen vorangegangener Stufen. Das Modell basiert auf dem Konzept der Differenzierung im Sinne einer fundamentalen Verschiedenheit von Kulturen. Es beschreibt, wie Personen kulturelle Unterschiede verstehen und damit umgehen. Dabei geht es von der subjektiven Erfahrung des Lernenden aus und betrachtet nicht nur dessen objektives Verhalten. Besonderes Augenmerk gilt der individuellen Interpretationsweise kultureller Unterschiede und den unterschiedlichen Erfahrungen, welche verschiedene Interpretationen mit sich bringen. Diese Erfahrungen nennt Bennett „interkulturelle Sensibilität“, wobei dieser Begriff nicht automatisch einen hohen Grad derselben impliziert, sondern lediglich eine zentrale Variable in Bennetts Modell beschreibt.

Nach Bennett sind Schwierigkeiten im Erlernen von Fähigkeiten der interkulturellen Kommunikation fast immer auf die Leugnung kultureller Unterschiede zurückzuführen, nicht jedoch auf die mangelnde Wahrnehmung der Ähnlichkeit beider Kulturen. Bei Bennett sind die drei Ebenen interkultureller Entwicklung – kognitiv, affektiv und behavioral – nicht für jede Stufe klar definiert. Trotzdem spielt sich der Akkulturationsprozess auch hier auf allen drei Ebenen ab: In der Anfangsphase werden Kategorien für Kulturunterschiede generiert, was im Wesentlichen auf der kognitiven Ebene geschieht. Auf diese Entwicklung gibt es auch eine affektive Reaktion, denn es entsteht das Gefühl, dass die Stabilität der eigenen Weltanschauung bedroht sei. Dieser scheinbaren Bedrohung kann durch gemeinschaftliche Aktivitäten, die auf gemeinsame Ziele ausgerichtet sind, entgegengewirkt werden, was wiederum eine behaviorale Reaktion ist.

Das Modell ist insofern linear, als dass es Anfangs-, Mittel- und Endstufen hat. Die Abfolge der Stufen ist jedoch nicht nur in eine Richtung möglich und auch nicht gleichmäßig; es kann auch „Rückfälle" geben (Bennett 1993, 26).

Das Bennettsche Modell unterteilt die Stufen der Entwicklung interkultureller Sensibilität in ethnozentrische und ethnorelative Stufen. Mit Ethnozentrismus ist hier die Annahme gemeint, dass das Weltbild der eigenen Kultur im Zentrum aller Realität stehe (Bennett 1993, 30).

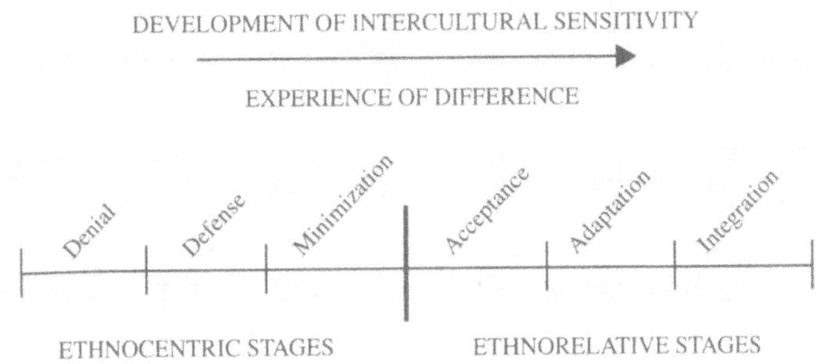

Abbildung 3: Stufen interkultureller Sensitivität;

Quelle: Landis/Bennett/Bennett (2004): *Handbook of Intercultural Training.*

Die erste ethnozentrische Stufe ist die schlichte *Leugnung* kultureller Unterschiede (vgl. Abb. 3). Menschen in dieser Phase nehmen die Existenz dieser Unterschiede nicht wahr, kulturelle Vielfalt existiert in ihrer Vorstellung höchstens anderswo. Ethnozentrismus in dieser Form ist in der heutigen heterogenen und vernetzten Welt kaum vorstellbar, unter zwei Bedingungen jedoch möglich: physische Isolation und absichtliche Separation mit Hilfe sozialer und physischer Barrieren. Im Zustand der Isolation fehlen Kategorien für kulturelle Unterschiede. Kommt es doch einmal zur Konfrontation damit, werden sie durch selektive Wahrnehmung schlichtweg übersehen. Werden schließlich Kategorien kultureller Unterschiede ausgebildet, so handelt es sich dabei um sehr breite Kategorien, in welchen z.B. Asiaten und ‚Westler', nicht jedoch Chinesen, Japaner und Vietnamesen voneinander unterschieden werden. In dieser Phase nimmt die interkulturelle Sensibilität in dem Maße zu, wie Unterschiede in Wahrnehmung und Ausdruck als kulturelle Faktoren, nicht jedoch als physische oder moralische Defekte, interpretiert werden (Bennett 1993, 25). Eine Weiterentwicklung ist die Stufe der Separation, in der absichtlich physische oder soziale Barrieren aufgebaut werden mit dem Ziel, Distanz zu den Kulturunterschieden zu schaffen. Letztlich soll damit die Leugnung dieser Unterschiede aufrechterhalten werden. Hier wird im Gegensatz zur Isolation wenigstens die Existenz von Kulturunterschieden anerkannt.

Je weniger die Kulturunterschiede ignoriert werden können, desto stärker werden sie als Bedrohung für die eigene Vorstellung von Realität und somit auch die eigene Identität wahrgenommen, was schließlich die *Abwehr* als zweite ethnozentrische Stufe einleitet. Nun werden die Unterschiede im Gegensatz zu vorher zwar öffentlich anerkannt, jedoch bekämpft, damit der Absolutheitsanspruch der eigenen Weltanschauung unangetastet bleiben kann. Dies geschieht durch Abwertung, Überlegenheit oder Umkehr. Die üblichste Strategie in dieser Stufe ist die Abwertung der fremden Kultur, wobei unerwünschte Charakteristika allen Mitgliedern einer anderen Rasse, Religion, eines anderen Alters oder Geschlechtes zugeschrieben werden. Im Gegensatz dazu wird bei der Überlegenheitsstrategie die eigene Kultur besonders positiv bewertet, wobei Fremdgruppen nicht notwendigerweise abgewertet werden. Eine weitere Strategie, die Umkehr ist nicht zwangsläufig Bestandteil interkultureller Entwicklung, tritt jedoch häufig auf (ebd., 39). Sie äußert sich in einer Abwertung der eigenen und dem Glaube an die Überlegenheit einer anderen Kultur. Insofern ändert sich hierbei nur das Zentrum des Ethnozentrismus.

Die dritte ethnozentrische Stufe ist die *Minimierung*. Kulturunterschiede werden hierbei anerkannt und nicht negativ bewertet, jedoch bagatellisiert. Die Ähnlichkeit der Kulturen wird betont, wobei die angenommenen universalen Charakteristika fast immer der eigenen Herkunftskultur entlehnt sind. Es existieren dabei zwei Formen von Universalismen. Der physikalische Universalismus betont die gemeinsamen körperlichen Merkmale (Essen, Fortpflanzung und Sterben) der

Menschen aller Kulturen, übersieht dabei jedoch den kulturell einzigartigen sozialen Kontext, welcher auch das körperliche Verhalten bestimmt. Im transzendenten Universalismus werden alle Menschen unabhängig von ihrer Kultur als Produkte desselben transzendenten Prinzips, Gesetzes oder Imperativs betrachtet. Bestes Beispiel dafür sind Religionen, welche alle Menschen als Kreationen eines bestimmten übernatürlichen Wesens betrachten.

Zwischen den ethnozentrischen und den ethnorelativen Stufen liegt eine *paradigmatische Barriere*. Der Übergang zum Ethnorelativismus ist durch die Konzeptverschiebung vom Verlass auf ein absolutes, dualistisches Prinzip hin zur Anerkennung nichtabsoluter Relativität gekennzeichnet. Anders ausgedrückt, es wird anerkannt, dass es keine absoluten Standards der Richtigkeit oder „Güte“ gibt, die auf kulturell bedingtes Verhalten angewandt werden könnten (ebd., 46).

Ethnorelativismus beginnt mit der *Akzeptanz* kultureller Unterschiede, welche als positiv und unabdingbar anerkannt werden. In einem ersten Schritt wird das – verbale und nonverbale - Verhalten in allen Formen respektiert, da die kulturellen Unterschiede als Ursache für unterschiedliches Verhalten erkannt werden (ebd., 48). In einem zweiten Schritt wird mit derselben Begründung auch die unterschiedliche Weltanschauung akzeptiert. Die eigene Weltanschauung wird nun als ein relatives Kulturkonstrukt wahrgenommen.

Auf die Akzeptanz kultureller Unterschiede folgt die *Anpassung* an diese. In dieser Phase nehmen die Kommunikations- und Beziehungsfähigkeit mit Menschen anderer Kulturen zu. Im Gegensatz zur Assimilation, bei der die eigene Weltanschauung durch eine andere ersetzt wird, sind die neuen Lebensweisen hier eine Ergänzung des eigenen Repertoires kultureller Alternativen. Anpassung äußert sich in Empathie und Pluralismus. Empathie ist der Versuch, die Perspektive des anderen zu verstehen und ist insofern ethnorelativ, als dass sie eine Verschiebung des Bezugssystems erfordert. Sie verlangt die Bereitschaft, wenigstens zeitweise die eigene Weltanschauung aufzugeben, um an der Vorstellung des anderen teilzuhaben. Pluralismus beschreibt die Existenz von zwei oder mehreren Bezugssystemen bzw. einer Vielzahl gleichartiger Werte, Ideen und Erfahrungen (ebd., 55). Eine Entwicklung hin zum Pluralismus ist einerseits gekennzeichnet von der Zunahme interkultureller Sensibilität und andererseits von der zunehmenden Anzahl der Kulturen, mit welchen man sich identifiziert. Die Grenzen dieser Stufe liegen in der Unfähigkeit, kulturelle Anpassung zu generalisieren bzw. die persönliche Entwicklung als Teil interkulturellen Lernens zu akzeptieren. In der späteren Phase der Anpassung bildet sich die Fähigkeit heraus, das eigene Lernen selbst zu organisieren.

Die dritte und letzte Stufe des Ethnorelativismus nach Bennett ist die *Integration.* Hier sind Personen nicht nur gegenüber mehreren Kulturen sensibel, sondern ständig im Prozess des Teilwerdens und Sich-Loslösens von einem bestimmten kulturellen Kontext. Trotzdem kann eine bestimmte Kultur bevorzugt werden. Die verschiedenen verinnerlichten Bezugssysteme widersprechen sich teilweise, sodass es zu einem inneren Kulturschock kommt. Werden die Identitäten nicht integriert, kommt es zu kultureller Marginalisierung (ebd., 60). Menschen, denen die Integration der Identitäten gelingt, begreifen ihre Identität als dynamischen Prozess, was ihnen funktionierende Beziehungen in verschiedenen Kulturen ermöglicht, trotzdem sie selbst außerhalb der Zwänge einer Kultur stehen. Sie haben die Fähigkeit, Situationen aus einer oder mehreren selbst gewählten kulturellen Perspektiven einzuschätzen und zu analysieren (Kontextevaluation). Sie haben keine natürliche kulturelle Identität mehr, kein immanent absolut richtiges Verhalten und keine nötige Bezugsgruppe, dafür aber die Fähigkeit der Anpassung und der Wahl dieser Anpassung, weshalb hier von konstruktiver Marginalisierung gesprochen wird.

1.5.3 Kritische Diskussion

An Modellen interkulturellen Lernens wurde – wie auch bei anderen Akkulturationsmodellen – immer wieder kritisiert, dass unerwünschte Lerneffekte unerwähnt bleiben (Weidemann 2007, 496), was die Gefahr birgt, dass diese unreflektiert und damit unterbewusst wirksam bleiben. Auch im Bennettschen Stufenmodell werden unerwünschte Lerneffekte nicht weiter thematisiert.

Als Stufenmodell ist es außerdem den typischen Problemen dieser Art von Modellen unterworfen: Es bleibt offen, ob die Stufen in anderer Abfolge durchlaufen werden können, ob Stufen übersprungen werden können, ob weitere Stufen denkbar sind, ob es Rückentwicklungen geben kann oder ob unterschiedliche

Handlungsbereiche auch unterschiedliche Entwicklungsstufen aufweisen (Weidemann 2004, 47). Was dem Modell außerdem fehlt, ist eine genaue Beschreibung des Überganges von einer Stufe zur nächsten sowie der Lern- und Entwicklungsprozesse, welche die Voraussetzung für das Erreichen der nächsten Stufe sind (ebd.). Außerdem bleiben wichtige Einflussfaktoren und deren Auswirkungen auf den Lernprozess wie z.B. äußere Umstände, persönliche Charaktermerkmale und soziale Beziehungen unerwähnt (Weidemann 2007, 495).

Schließlich gilt es bei der Beschäftigung mit Anpassungsprozessen, die Komplexität von Kultur und Identität überhaupt in Betracht zu ziehen. Ähnlich wie Berrys und Wards Modell impliziert auch Bennetts Modell die Betrachtung des Menschen als Vertreter seiner Kultur, was besonders im Begriff des Ethnozentrismus deutlich wird, da dieser eine eigene Kultur als Grundrahmen des Denkens voraussetzt, was jedoch – wie schon erläutert - aufgrund der Multikulturalität heutiger Gesellschaften immer weniger zeitgemäß ist (Weidemann 2007, 493). Des Weiteren ist die Vorstellung eines unabhängigen, sich selbst konstruierenden Individuums, das einem humanistischen, westlich geprägten Menschenbild verbunden ist, fest in Bennetts Modell verankert, weshalb dieses nicht als allgemeingültig gelten kann (ebd., 495).

1.6 Gemeinsame Schwächen der Modelle

Kritisiert wurden und werden die Modelle hauptsächlich aufgrund mangelnder bzw. qualitativ ungenügender empirischer Belege, – vor allem mangels Längsschnittstudien – Veraltung in Anbetracht einer immer multikultureller werdenden Gesellschaft, fehlender theoretischer Verankerung sowie mangelnder Einbindung von Theorien aus anderen Disziplinen.

Bei der Betrachtung der vier Modelle zeigt sich, dass die Definition von Schlüsselbegriffen wie Anpassung, Akkulturation und Kulturkontakt bei verschiedenen Forschern bzw. in den vier Modellen oft nicht übereinstimmt. Des Weiteren lassen die Modelle offen, von welchen Ereignissen Akkulturation ausgelöst wird und „welche Akkulturationssstrategien von welchen Personen mit welchem Erfolg und in welcher Umwelt verfolgt werden“ (Weidemann 2004, 17).

Allen Modellen liegt eine gewisse humanistisch-westlich geprägte Perspektive zugrunde, welche sich vor allem in der Vorstellung eines unabhängigen, sich selbst konstruierenden Individuums äußert, die in den Modellen verankert ist. Dadurch kann jedoch nicht mehr von einer Generalisierbarkeit der Modelle ausgegangen werden, da sie für den asiatischen Kulturraum, wo Personen vorwiegend kollektivistisch wahrgenommen werden, nicht als relevant anerkannt werden können.

Alle Modelle gehen außerdem von einem essentialistischen Kulturbegriff aus, indem sie Kultur als internes, relativ stabiles Merkmal betrachten, welches Menschen entsprechend des Landes, der Religion oder sozialen Schicht, in die sie hineingeboren wurden, definiert (Tardiff-Williams/Fisher 2009, 152). Diese Definition wird jedoch der heutigen Multikulturalität der Gesellschaften nicht mehr gerecht.

In keinem der Modelle werden unerwünschte Lerneffekte wie z.B. Rassismus näher erläutert; gleichzeitig werden auch positive Effekte des Anpassungsprozesses wie etwa Gefühle der Spannung, Freude und steigende Selbsteffektivität ignoriert.

Nicht zuletzt fehlen qualitative empirische Studien, v.a. Längsschnittstudien, welche die Modelle auf Gültigkeit überprüfen könnten, was v.a. auf Bennetts und Obergs Modelle zutrifft.

Die hier genannten Schwächen der vier untersuchten Modelle bilden einen Teil des Analysegitters für die Auswertung der Artikel zum Thema Akkulturation im zweiten Teil der Analyse.

2 Methodik

2.1 Erläuterung der Vorgehensweise

Die vorliegende Analyse soll aufzeigen, ob die Akkulturationsmodelle von Oberg, Ward, Bennett und Berry in der Forschung noch aktuell sind, wie sie erweitert werden können und inwieweit es inzwischen Antworten auf die Kritik an diesen Modellen gibt. Zur Beantwortung dieser Fragen werden im zweiten Teil der Arbeit 36 Artikel der drei einschlägigen wissenschaftlichen Zeitschriften „Journal of Cross-Cultural Psychology", „International Journal of Intercultural Relations" und „Asian Journal of Social Psychology" ausgewertet. Im Folgenden werden die Zeitschriften einzeln vorgestellt und Gründe für die Auswahl der jeweiligen Zeitschrift erläutert.

Das International Journal of Intercultural Relations

Das seit 1977 erscheinende International Journal of Intercultural Relations (IJIR) wird seit 1997 von der interdisziplinären International Academy for Intercultural Research (IAIR) in Hilo/Hawaii herausgegeben. Es erscheint sechsmal jährlich. Es behandelt vor allem Themen, die für interkulturelle Trainings relevant sind, wie z.B. Kulturunterschiede.

Als eine der wenigen wissenschaftlichen Zeitschriften mit interkulturellem Schwerpunkt eignet sie sich besonders für die Auswahl der zu untersuchenden Artikel. Außerdem wird großer Wert auf disziplinübergreifende Studien, die in der interkulturellen Forschung noch unterrepräsentiert sind, und auf Feldforschung gelegt. Die Herausgeber der Zeitschrift gehören größtenteils dem US-amerikanischen, europäischen und australischen Kulturraum an, wobei es auch japanische und chinesische Herausgeber gibt. Sowohl John Berry als auch Colleen Ward sind beratende Redakteure des IJIR, weshalb es nicht verwundert, dass die Artikel dieser Zeitschrift am häufigsten die Modelle von Ward und Berry als Grundlage verwenden. Die intensive Auseinandersetzung der IJIR-Artikel mit den Akkulturationsmodellen von Berry und Ward ist ein weiterer Grund für die Auswahl dieser Zeitschrift.

Das Journal of Cross-Cultural Psychology

Das 1970 erstmals erschienene Journal of Cross-Cultural Psychology wird von der International Association for Cross-Cultural Psychology herausgegeben. Es ist ein „führendes, interdisziplinäres Forum für Psychologen, Soziologen und Pädagogen" (Reuters 2008) und befasst sich mit der Frage, wie sich Kulturunterschiede in der persönlichen Entwicklung, in Bildung und sozialen Erfahrungen auf das individuelle Verhalten auswirken. Es geht dabei vor allem auch um die Beziehung zwischen Kultur und psychologischen Prozessen. Da auch diese Zeitschrift ihren Schwerpunkt in interkulturellen Themen hat und noch dazu interdisziplinär ausgerichtet ist, ist sie ebenfalls sehr geeignet für die Analyse von Studien des Akkulturationsprozesses. Die Herausgeber dieser sechsmal jährlich erscheinenden Zeitschrift gehören zwar hauptsächlich dem US-amerikanischen, europäischen und australischen, aber auch dem japanischen Kulturraum an. Dies unterstützt das Vorhaben, Artikel aus unterschiedlicher kultureller Perspektive zu untersuchen, noch nicht ausreichend. Colleen Ward gehört zu den Herausgebern dieser Zeitschrift.

Das Asian Journal of Social Psychology

Das Asian Journal of Social Psychology erscheint seit 1995 und wird viermal jährlich von der Asian Association of Social Psychology und der Japanese Group Dynamics Association herausgegeben. Es konzentriert sich vorwiegend auf sozialpsychologische Publikationen asiatischer Forscher, veröffentlicht jedoch auch Publikationen aus anderen Teilen der Welt mit Fokus auf asiatischen Kulturen oder Gesellschaften. Dieser Fokus auf Asien war ein wesentlicher Grund für die Auswahl dieser Zeitschrift, da die Beiträge in den anderen beiden Zeitschriften doch überwiegend von westlichen Autoren stammen. Abgesehen von einer Ausnahme stammen alle Herausgeber der Forschungszeitschrift aus Asien: Sie kommen aus Japan, Hongkong, Taiwan, Singapur und den Philippinen. Im Gegensatz zu den anderen Zeitschriften gehört hier kein Urheber der vier untersuchten Modelle zu den Herausgebern. Einziger Nachteil dieser Zeitschrift ist, dass ihr Schwerpunkt nicht in interkulturellen Themen, sondern in der Sozialpsychologie liegt, weshalb das gewünschte Themengebiet in dieser Zeitschrift nur in geringem Umfang behandelt wird.

2.2 Datenerhebung

Um den Umfang der Analyse einzugrenzen, gleichzeitig aber auch den aktuellsten Forschungsstand darzustellen, wurden nur Artikel aus der Zeit von Januar 2007 bis Mai 2009, dem Anfangszeitpunkt der Recherche, ausgewählt. Da Artikel über den Akkulturationsprozess ausgewählt werden sollten, wurden alle Artikel des bestimmten Zeitraums in den genannten Zeitschriften nach den Schlagwörtern *acculturation, intercultural, adaptation, cross-cultural, immigration, adaptive, cultural transition, adjustment, sojourners* und *expatriates* durchsucht. Nur ein Artikel, in welchem ein weiterer ausgewählter Artikel kritisiert wird, stellt eine Ausnahme dar, da seine Überschrift keines der Schlagwörter enthält. Ließ die Überschrift keine Aussage darüber zu, ob Akkulturationsmodelle Gegenstand des Artikels waren bzw. der Artikel zumindest Berührungspunkte damit hat, wurden der Abstract und gegebenenfalls auch der Inhalt des Artikels daraufhin untersucht. Auf diese Weise wurden in einem zweiten Durchgang unpassende Artikel herausgefiltert.

Folgende Daten der ausgewählten Artikel wurden aufgenommen:

- Zeitschrift
- Titel
- Autor
- Datum
- Als Grundlage oder Referenz verwendete Modelle bzw. Modelle, von denen sich der Autor abgrenzt (Alle Modelle, die als Grundlage verwendet wurden, wurden in die Analyse aufgenommen, während als Referenz und als Abgrenzung verwendete Modelle nur die vier untersuchten Modelle und die Grundlagenmodelle in die Tabelle aufgenommen wurden.)
- Forscher, die im Text mit zentralem Bezug oder nebensächlich zitiert werden

- Art der Untersuchungsgruppe (z.B. Studenten, Jugendliche, Migranten allgemein)
- Umfang, Nation, Alter, Aufenthaltsdauer der Untersuchungsgruppe
- Untersuchungsart (Querschnittstudie, Längsschnittstudie, Fragebogen, Interview)

In einem zweiten Schritt wurden einzelne Artikel daraufhin untersucht, ob spezifische Aussagen über Auslöser des Lernprozesses, die Art der Lernstrategien, die Reihenfolge der Akkulturationsstufen, unerwünschte Lerneffekte oder Akkulturation im multikulturellen Kontext gemacht werden, welche die Fragen unter Gliederungspunkt 1.6 beantworten. Außerdem werden die Artikel nach alternativen Ansätzen und Modellen, Weiterentwicklungen der Modelle, Auseinandersetzungen mit Berrys Modell sowie nach Verknüpfungen der Modelle untereinander untersucht.

Folgende Artikel wurden untersucht:

Tabelle 1: Auflistung der analysierten Artikel

Journal of Cross-Cultural Psychology, 2007

Titel	Autor	Untersuchungsthema
The relationships of Cross-Cultural Adjustment with Dispositional Learning Orientation and Goal Setting: A Longitudinal Analysis	Gong Yaping, Chang Song	Zielsetzung, Lernorientierung
The contribution of Ethnic Minority Status to Adaptive Style: A Comparison of Mexican, Mexican American, and European American Children	R. Enrique Varela, Ric G. Steele, Eric R. Benson	Zusammenhang zwischen RAS (repressive adaptive style) und Simpatiá und Kollektivismus
Acculturation Orientations Toward Two Majority Groups: The case of Palestinian Arab Christian	Gabriel Horenczyk, Salim J. Munayer	Akkulturationsorientierung (untersucht anhand von Sprache, Kultur, Gesellschaft, Freundschaft,

Adolescnets in Israel		Stellung von Familie)
Book review: immigrant youth in cultural transition: acculturation; identity and adaptation across national contexts	Floyd Rudmin	psychologisches und schulisches Wohlbefinden
Problem Behavior and Acculturation in Moroccan Immigrant Adolescents in the Netherlands: Effects of Gender and Parent-Child Conflict	Genneke W.J.M. Stevens, Wilma A.M. Vollebergh, Trees V.M. P3els, Alfons A. M. Crijnen	Einfluss des Geschlechts auf die Beziehung zwischen Akkulturation und Problemverhalten

Journal of Cross-Cultural Psychology, 2008

Immigrant Youth in Cultural Transition: The Debate Between the Authors and the Reviewer	Pawel Boski, David Matusmo	Keine
Response to Rudmin's Book Review of Immigrant Youth in Cultural Transition	John W Berry, Jean S. Phinney, David L. Sam, Paul Veddar	"
ICSEY Data Deserve New Analysis: Reply to Berry, Phinney, Sam, and Vedder	Floyd W. Rudmin	"
The Process of Immigrant Adjustment: The Role of Time in Determining Psychological Adjustment	Gila Markovizky, Yuval Samid	psychologische Anpassung: Zufriedenheit mit ökonomischer, sozialer und kultureller Situation, soziale und berufliche Situation
A Longitudinal Study of the Adaptation of International Students in the US	Zeynep Cemalcilar, Toni Falbo	Auswirkungen der anfänglichen interkulturellen Transition auf psychisches Wohlbefinden: soziokulturelle + akademische Anpassung

Journal of Cross-Cultural Psychology, 2009

Acculturation Strategies and Integrative Complexity: The Cognitive Implications of Biculturalism	Carmit T. Tadmor, Philp E. Tetlock, Kaiping Peng	Akkulturationsstrategie, integrative Komplexität (=Wahl von Integration und/oder Differenzierung)
„ Studie 2		Akkulturationsstrategie, integrative Komplexität (=Wahl von Integration und/oder Differenzierung)
„ Studie 3		Akkulturationsstrategie, integrative Komplexität (=Wahl von Integration und/oder Differenzierung)
Longitudinal Changes in Acculturation for Immigrant Women From the Former Soviet Union	Arlene Michaelis Miller, Edward Wang, Laura A. Szalacha, Olga Sorokin	Sprache, russ. und amerikan. Verhalten, kulturelle Generativität
Acculturation of Iranians in the United States, the United Kingdom, and the Netherlands: A Test of the Multidimensional Individual Difference Acculturation (MIDA) Model	Saba Safdar, Ward Struthers, Jan Pieter van Oudenhoven	Generalisierbarkeit des MIDA (Multidimensionales Modell)
Acculturation Orientations and Social Relations Between Immigrant and Host Community Members in California	Richard Bourhis; Genevieve Barrette; Shaha El-Geledi; Ronald Schmidt	Akkulturationsorientierungen von einheimischen und internationalen Studenten im Vergleich
Acculturation and Parenting Among Turkish Mothers in Australia	Bilge Yagmurlu, Ann Sanson	Akkulturationseinstellung, Erziehungsziele, Erziehungspraxis (Beziehung zwischen Akkulturationseinstellungen und Erziehungsverhalten)

International Journal of Intercultural Relations, 2008

How do multicultural university students define and make sense of intercultural contact: A qualitative study	Rona Tamiko Halualani	Definition und Erfahrungen der Studenten von interkultureller Begegnung
Thinking outside the Berry boxes: New perspectives on identity, acculturation and intercultural relations	Colleen Ward	(Darstellung von drei Forschungsansätzen außerhalb von Berrys Modell)
Stressors, anxiety, acculturation and adjustment among international and North American students	Marie Väfors Fritz, Dorothy Chin, Valerie DeMarinis	Vergleich von internationalen Studenten untereinander und mit US-Staatsbürgern im Hinblick auf erlebten Stress durch die Trennung von Familie und Freunden, Druck von Seiten der Schule, Sprachschwierigkeiten, Arbeit und Finanzen
Immigration distress, mental health status and coping among young immigrants: A 1-year follow-up study	Sophie Walsh, Shmuel Shulman, Offer Maurer	Immigrationserfahrung und damit verbundener Stress (Interview: Immigrationsgeschichte; Selbstbild)
Globalisation and acculturation	J. W. Berry	Einfluss von Globalisierung und Akkulturation auf die Pluralität von Gesellschaften, Werten und Sozialstrukturen (Kritik an der These der zunehmenden Homogenisierung)
Further examining the role motivation to study abroad plays in the adaptation of international students in Canada	V.I. Chirkov, S. Safdar, J. de Guzman, K. Playford	Einfluss der eigenen Motivation und Ziele internationaler Studenten auf deren Anpassung
Perceived discrimination and acculturation among Iranian refugees in the Netherlands	Annet Te Lindert, Hubert Korzilius, Fons J.R. Van de Vijver, Sjaak Kroon, Judit Arends-Tóth	wechselseitige Beziehungen zwischen erfahrener Diskriminierung und Akzeptanz, Akkulturationsorientierungen, psychologische und soziokulturelle Anpassung

Mind the gap: Application-based analysis of cultural adjustment models	Miriam Sobre-Denton, Dan Hart	von interkulturellen Trainern genutzte Kommunikationsstrategien
Acculturation, well-being and classroom behaviour among white British and British Asian primary-school children in the south–east of England: Validating a child-friendly measure of acculturation attitudes	Dennis Nigbur, Rupert Brown, Lindsey Cameron, Rosa Hossain	Akkulturationseinstellungen, korrelierende Konstrukte (Identifikation mit Eigen- bzw. Fremdgruppe, relevante Wirkungen von britischen und asiatisch-britischen Grundschülern im Vergleich

International Journal of Intercultural Relations, 2009

The continuing bonds of US expatriates living in Egypt	Hani M. Henry, Nayla Hamdi, Gina Shedid	Akkulturationsprozess
Constructs, measurements and models of acculturation and acculturative stress	Floyd Rudmin	Kritik an Akkulturationsforschung; Vorschläge für die Definition und das Messen von Akkulturation
'Enculturation', not 'acculturation': Conceptualising and assessing identity processes in migrant communities	Peter Weinreich	Beziehung zwischen Herkunftskultur und ethnischer Identität
Acculturation strategies and attitudes according to the Relative Acculturation Extended Model (RAEM): The perspectives of natives versus immigrants	Marisol Navas, Antonio J. Rojas, María García, Pablo Pumares	Akkulturation afrikanischer Migranten und der Gastgesellschaft in Spanien im Vergleich
Critical psychology of acculturation: What do we study and how do we study it, when we investigate acculturation?	Valery Chirkov	kritische Analyse der Akkulturationsforschung auf empirischer und konzeptioneller Ebene; Analyse von 42 Artikeln
Towards a post-critical praxis: Intentional states and recommendations for change in acculturation psychology	James Cresswell	Konzeptualisierung und Erforschung von psychologischer Akkulturation

Theorizing identity in transnational and diaspora cultures: A critical approach to acculturation	Sunil Bhatia, Anjali Ramb	Auswirkungen von "Diaspora" auf die traditionelle Vorstellung von Akkulturation in der Psychologie
Clarifying the link between acculturation experiences and parent–child relationships among families in cultural transition: The promise of contemporary critiques of acculturation psychology	Christine Yvette Tardif-Williams, Lianne Fisher	Beiträge der Kritik an der Akkulturationsforschung für die theoretische und empirische Auseinandersetzung mit dem Einfluss von Akkulturationserfahrungen auf die Eltern-Kind-Beziehung in Familien in kultureller Transition
Introduction to the special issue on Critical Acculturation Psychology	Valery Chirkov	(Begründung der Sonderausgabe über Kritische Akkulturationspsychologie)
Summary of the criticism and of the potential ways to improve acculturation psychology	Valery Chirkov	Zusammenfassende Kritik an der Akkulturation in der Psychologie mit Vorschlägen zur Verbesserung der diesbezüglichen Forschung

Asian Journal of Social Psychology, 2009

Immigration from the perspective of hosts and immigrants: Roles of psychological essentialism and social identity	Brock Bastian, Nick Haslam	Assoziierung von Essentialismus mit sozialer Identität; Vorurteile und Wahrnehmung der Eigengruppe

3 Ergebnisse der deskriptiven Analyse

Von den ausgewählten 36 Artikeln wurden 15 im Journal of Cross-Cultural Psychology (JCCP), 20 im International Journal of Intercultural Relations (IJIR) und 1 im Asian Journal of Social Psychology veröffentlicht.

Während sowohl das JCCP als auch das IJIR von US-amerikanischen Institutionen herausgegeben werden und sich in der Herkunft der Autoren, Untersuchungsgegenständen und – orten dieser Zeitschrift eine starke US-amerikanische Prägung zeigt, wird das Asian Journal of Social Psychology von einer asiatischen Institution herausgegeben und veröffentlicht Artikel von Autoren mit größtenteils asiatischer Herkunft. Auffällig ist, dass nur ein Artikel dieser Zeitschrift Berührungspunkte mit dem Thema Akkulturation hat. Dies lässt die Vermutung zu, dass Akkulturation eher in westlichen als in asiatischen Gesellschaften ein Thema ist.

Unter den untersuchten Artikeln befindet sich auch Valery Chirkovs Artikel „Critical psychology of acculturation: What do we study and how do we study it, when we investigate acculturation?“, der 2009 im International Journal of Intercultural Relations erschienen ist. Es handelt sich dabei um eine Analyse von 42 Artikeln zum Thema Akkulturation aus den Zeitschriften International Journal of Intercultural Relations (24 Artikel), Journal of Cross-Cultural Psychology (13), Journal of Social Psychology (2), European Journal of Social Psychology (1), British Journal of Social Psychology (1) und American Journal of Community Psychology (1), die in der Zeit von 2001 bis 2006 verfasst wurden (Chirkov 2009). Chirkov untersuchte die Artikel auf Akkulturationsdefinitionen, Kulturverständnis, Untersuchungsmethode, theoretische Konzeptualisierung, Rolle der Sprache und die Verwendung von Querschnitts- vs. Längsschnittstudien sowie Interdisziplinarität. Da Chirkovs Metaanalyse der hier vorliegenden ähnelt, wird sein Artikel im Folgenden immer wieder zur Untermauerung bzw. Diskussion der Untersuchungsergebnisse herangezogen.

3.1 Verwendung der Modelle

Zunächst lässt sich feststellen, dass die Mehrzahl der Studien (16 von 22) den Zweck haben, Modelle und Theorien zu testen.

Folgende Modelle wurden in den analysierten Studien verwendet:

Als Grundlage verwendete Modelle	Als Referenz verwendete Modelle	Modelle, von welchen sich die Autoren abgrenzen
Berry (13 Artikel)	Berry (8)	Berry (5)
IAM: Interactive Acculturation Model (2) [1]	Ward (5)	Oberg (1) [2]
repressive adaptive style model (1) [3]	Bennett (2) [4]	
multidimensional individual difference acculturation model (1) [5]		
continuing bonds model (1) [6]		

1 Bourhis, Richard/Barrette, Geneviève/El-Geledi, Shaha/Schmidt, Ronald (2009): *Acculturation Orientations and Social Relations Between Immigrant and Host Community Members in California.* JCCP.
Nigbur, Dennis/Brown, Rupert/Cameron, Lindsey/Hossain, Rosa (2008): *Acculturation, well-being and classroom behaviour among white British and British Asian primary-school children in the south–east of England: Validating a child-friendly measure of acculturation attitudes.* IJIR.

2 Sobre-Denton, Miriam/Hart, Dan (2008): *Mind the gap: Application-based analysis of cultural adjustment models.* IJIR.

3 Varela, R. Enrique/Steele, Ric G./ Benson, Eric R. (2007): *The contribution of Ethnic Minority Status to Adaptive Style: A Comparison of Mexican, Mexican American, and European American Children.* JCCP.

4 Fritz, Marie Väfors/Chin, Dorothy/DeMarinis, Valerie (2008): *Stressors, anxiety, acculturation and adjustment among international and North American students.* IJIR.
Sobre-Denton, Miriam/Hart, Dan (2008): *Mind the gap: Application-based analysis of cultural adjustment models.* IJIR.

5 Safdar, Saba/ Struthers, Ward/van Oudenhoven, Jan Pieter (2009): *Acculturation of Iranians in the United States, the United Kingdom, and the Netherlands: A Test of the Multidimensional Individual Difference Acculturation (MIDA) Model.* JCCP.

6 Henry, Hani M./Hamdi, Nayla/Shedid, Gina (2009): *The continuing bonds of US expatriates living in Egypt.* IJIR

relative acculturation extended model (1) [7]		
Ward (1) [8]		
Lysgaard (1) [9]		

Tabelle 2: Verwendung von Akkulturationsmodellen in den Artikeln

Interessant ist, dass das vierte der untersuchten Modelle, das Kulturschockmodell von Oberg, in keinem der Artikel als Grundlage oder Referenz verwendet wird, was darauf hinweist, dass es in der Forschung nicht mehr aktuell ist. Auffällig ist auch, dass das Akkulturationsmodell von Berry in allen analysierten Artikeln am häufigsten erwähnt wird und damit noch immer hoch aktuell ist. Jedoch grenzen sich inzwischen viele Autoren von diesem Modell ab und kritisieren, dass ihm zu viel Gewicht beigemessen werde. Im Punkt 4.1 werden diese Diskussionen kurz dargestellt.

In 22 Artikeln, also fast zwei Dritteln der Gesamtprobe, wird John W. Berry zitiert, in 19 davon mit zentralem Bezug. Ward wird in 10 Artikeln zitiert. Bennett[10] und Oberg werden jeweils in nur zwei Artikeln zitiert. In der Akkulturationsforschung ist daher eine eindeutige Rangfolge der Bedeutung der Publikationen der Forscher erkennbar: Berrys Veröffentlichungen sind, gefolgt von Ward, am bedeutendsten. Publikationen von Bennett und Oberg dagegen sind in der aktuellen Akkulturationsforschung von eher geringer Bedeutung.

Dass Obergs Modell in der aktuellen Forschung kaum noch relevant zu sein scheint und in den analysierten Artikeln nur einmal, als kritikwürdig, erwähnt wird, ist vermutlich darauf zurückzuführen, dass es zum Zeitpunkt der Artikel-

---

7 Navas, Marisol/Rojas, Antonio J./García, María/Pumares, Pablo (2009): *Acculturation strategies and attitudes according to the Relative Acculturation Extended Model (RAEM): The perspectives of natives versus immigrants.* IJIR

8 Te Lindert, Annet/ Korzilius, Hubert/Van de Vijver, Fons J.R./Kroon, Sjaak/Arends-Tóth, Judit Arends-Tóth (2009): *Perceived discrimination and acculturation among Iranian refugees in the Netherlands.* IJIR.

9 Markovizky, Gila/ Samid, Yuval (2008): *The Process of Immigrant Adjustment: The Role of Time in Determining Psychological Adjustment.* JCCP.

10 Sobre- Danton, Miriam/Hart, Dan (2008): *Mind the gap: Application-based analysis of cultural adjustment models;* IJIR
Väfors- Fritz, Marie/Chin, Dorothy/De Marinis, Valerie (2008): *Stressors, anxiety, acculturation and adjustment among international and North American students,* IJIR

analyse schon fast 50 Jahre alt ist und außerdem die oben genannten Schwächen aufweist. Auch das wesentlich jüngere, stärker differenzierte und weniger stark kritisierte Stufenmodell von Bennett wird jedoch kaum noch erwähnt. Dies ist unter anderem durch die Tatsache erklärbar, dass im Gegensatz zu Ward und Berry weder Bennett noch Oberg in den Redaktionen der einschlägigen, oben vorgestellten, Zeitschriften mitarbeiten. Hier zeigt sich, wie stark die Wissenschaft von einzelnen Personen und deren Positionen in Verlagen und wissenschaftlichen Institutionen beeinflusst ist und wie schwer es alternative Modelle und Ansätze dadurch haben, sich durchzusetzen und Beachtung zu finden. In der Auseinandersetzung mit Obergs Modell zeigt sich außerdem, wie schlecht Lehre und Lehrbücher mit der Forschung Schritt halten. Trotzdem Obergs Modell in der Forschung schon längst als nicht mehr erwähnenswert gehandelt wird, findet es sich noch immer in sämtlichen Lehrbüchern und v.a. in der Sekundärliteratur. Angesichts seiner Schwächen ist das traditionelle Zitieren dieses Modells in der Sekundärliteratur jedoch überflüssig.

3.2 Zusammensetzung der Untersuchungsgruppen

22 der analysierten 36 Artikel bauen auf Studien auf, die von den Autoren selbst durchgeführt wurden. Ergebnisse von Artikeln, in welchen mehrere Studien beschrieben werden, werden je nach Gleichartigkeit der Untersuchungsgruppen in Bezug auf Herkunft, Alter und Gastland teilweise zusammengefasst, sodass die Anzahl ausgewerteter Studien variiert. Untersucht wurden in den Studien 5 bis 1523 Personen, wobei der Durchschnitt der Anzahl untersuchter Personen bei 252 liegt. Folgende Gruppen wurden in den Artikeln untersucht:

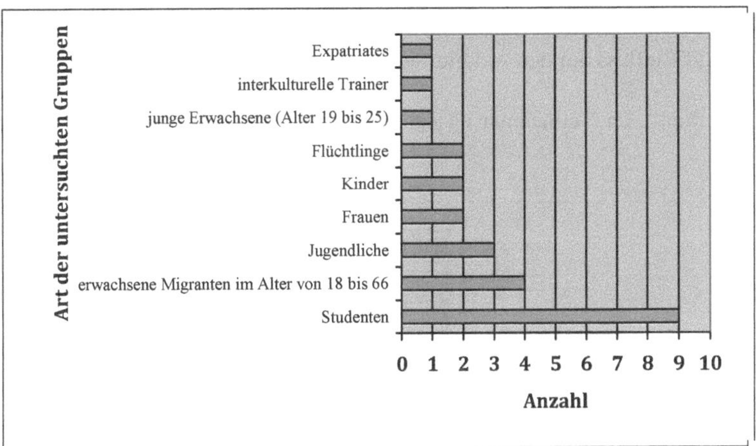

Abbildung 4: Art der untersuchten Gruppen

Quelle: eigene Darstellung

Wie bei vielen wissenschaftlichen Studien sind auch hier Studenten die zahlenmäßig stärkste Untersuchungsgruppe, wobei sich nicht feststellen ließ, inwiefern das in den analysierten Studien vorhandene Verhältnis von Studenten zur Gesamtgruppe der Zuwanderer mit der Realität übereinstimmt.

Auffällig ist, dass in keiner der Studien Entwicklungshelfer untersucht werden. Hier spiegelt sich vor allem die veränderte Forschungsorientierung, aber auch eine Veränderung der Ausreisemotive wider. Während in den 1960er Jahren, angefangen mit Lysgaard und Oberg, vorwiegend Entwicklungshelfer und Missionare untersucht wurden, sind es heute hauptsächlich Studenten und Expatriates, deren Zahl in den letzten Jahren stark zugenommen hat. Dabei liegt die Vermutung nahe, dass die Veränderung der Forschungsorientierung auch im größeren Interesse der Wirtschaft an der Akkulturation von Expatriates eine wesentliche Ursache hat. Ob dies zutrifft und sich in den Verkaufszahlen der wissenschaftlichen Zeitschriften niederschlägt, müsste untersucht werden.

Eine stärkere Differenzierung der gewählten Untersuchungsgruppen nach Beruf oder Zuwanderungsgrund ist nicht möglich, da die in den Artikeln beschriebenen Gruppen oft nur nach Alter eingeteilt wurden und keine Aussage über ihre Beschäftigung gemacht wird. Interessant wäre dies, da eine solche Differenzierung auch Aussagen darüber erlauben würde, inwiefern der Ausreisegrund bzw. der Beruf Einfluss auf den Akkulturationsprozess hat.

Die Herkunft der Teilnehmer an den Untersuchungen kann wie folgt unterteilt werden:

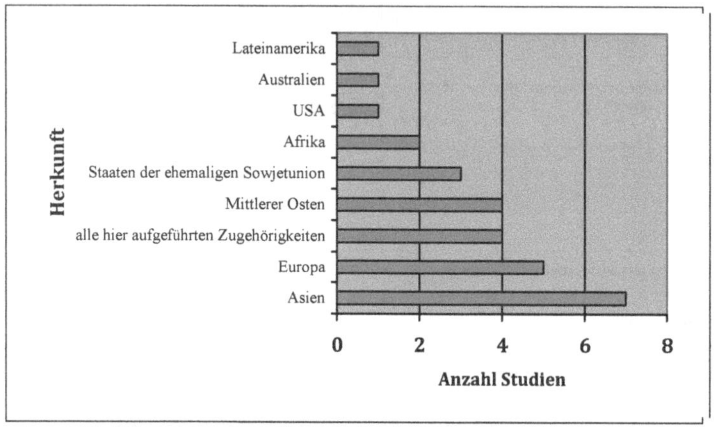

Abbildung 5: Herkunft der untersuchten Gruppen

Das Ergebnis zeigt keine Bevorzugung bzw. Benachteiligung bestimmter Nationalitäten in der Wahl als Untersuchungsteilnehmer. Die Spanne der untersuchten Personen reicht von Einheimischen über Personen mit Migrationshintergrund der zweiten und späterer Generationen, welche schon im Gastland geboren wurden, bis hin zu Zuwanderern der ersten Generation, die sich bei Untersuchungsbeginn nur wenige Wochen bis hin zu mehreren Jahren im Gastland aufhielten. Nur vier von 22 Studien untersuchten Migranten und Einheimische im Vergleich, sodass auch der Einfluss der Minderheitenkultur auf die dominante Kultur bzw. auf die Gastgesellschaft untersucht werden kann. Dieser Einfluss wird in der Forschung bisher kaum beachtet.

In etwa der Hälfte der untersuchten Studien werden Personen unterschiedlicher Herkunft untersucht. Eine solche Vorgehensweise lässt darauf schließen, dass viele Forscher versuchen, durch das Eliminieren der ethnischen und kulturellen Unterschiede der Migrantengruppen allgemeine Gesetze der Akkulturation zu entdecken (Chirkov 2009a, 100) bzw. dass viele Forscher den Einfluss der ethnischen Herkunft auf den Akkulturationsprozess als eher gering einschätzen. Auch Chirkov (ebd., 96) konstatiert in seiner Analyse von 46 Artikeln eine zunehmende Tendenz, die Akkulturation von Immigranten unterschiedlicher Herkunft in einem Gastland zu untersuchen.

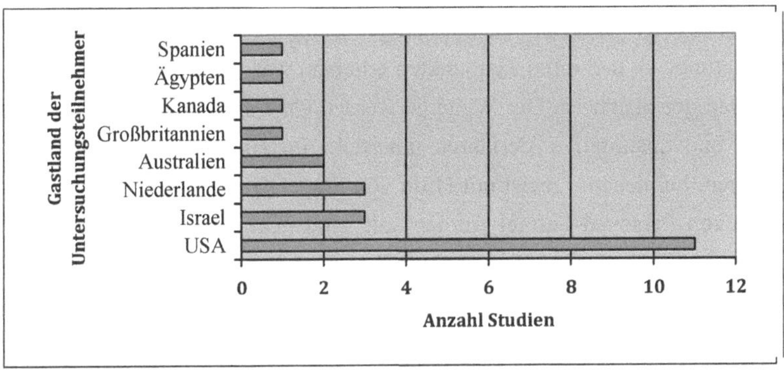

Abbildung 6: Gastland der Untersuchungsteilnehmer

Die USA sind mit der Hälfte der Studien das am häufigsten vertretene Gastland, was u.a. darauf zurückzuführen ist, dass häufig Studenten untersucht wurden und die USA das primäre Ziel internationaler Studenten sind (Open Doors 2008). Studien über Sojourners in Asien fehlen – von Israel einmal abgesehen – in der vorliegenden Analyse dagegen völlig. Auch Studien über Sojourners in Schwarzafrika fehlen. Einziges afrikanisches Gastland der analysierten Studien ist Ägypten.

Auch der Einfluss der Aufenthaltsdauer auf die Akkulturation wird, wie die geringe Differenzierung der untersuchten Personen nach Aufenthaltsdauer vermuten lässt, offenbar als gering eingeschätzt. In 6 von 22 Studien wurden Migranten, die im Gastland geboren wurden, mit Migranten der ersten Generation, welche noch in ihrem Herkunftsland geboren wurden, gemeinsam untersucht, wobei keine Angaben über die Anteile der jeweiligen Gruppen an der Gesamtheit der untersuchten Personen gemacht werden. Nur eine Studie untersuchte die Teilnehmer sowohl vor als auch nach deren Ausreise in das Gastland, was jedoch für die Untersuchung von Akkulturation als Prozess von zentraler Bedeutung ist.

3.3 Untersuchungsmethoden

Untersuchungsarten lassen sich im Wesentlichen in folgende Gruppen einteilen: Querschnitts- und Längsschnittstudien sowie Interviews und Fragebögen. Bei Querschnittsstudien werden die Daten verschiedener Untersuchungsgruppen erhoben. Bei einer Längsschnittstudie hingegen werden die Daten einer Untersuchungsgruppe zu mehreren Zeitpunkten erhoben, was für die Untersuchung von Prozessen geeigneter ist. Des Weiteren werden Untersuchungsmethoden in qualitative und quantitative Verfahren unterteilt. Im Gegensatz zu quantitativen Verfahren, bei denen – meist mit Hilfe von Fragebögen – eine möglichst große Menge von Personen befragt werden soll, sind qualitative Verfahren weniger stark standardisiert, es werden meist offene Fragen gestellt und die Befragten können frei erzählen (Kutscher 2008). Die Datenerhebung wird häufig in Form von Interviews durchgeführt, kann aber auch durch teilnehmende Beobachtung oder Gruppendiskussion vorgenommen werden (ebd.).

Folgende Untersuchungsarten wurden in den analysierten Studien angewandt:

Tabelle 3: Angewandte Untersuchungsmethoden

Datenerhebungsmethode	quantitativ	Qualitativ	Fragebogen	Interview	Interview + Fragebogen	Längsschnittstudie
Anzahl Studien	18	6	17	6	1	6

Hier zeigt sich, dass qualitative Studien, Längsschnittstudien und Interviews noch immer verhältnismäßig selten sind. Durch den Mangel an Längsschnittstudien wird die Forschung dem Prozesscharakter von Akkulturation nicht gerecht (vgl. Chirkov 2009a, 100). Auch Chirkovs (ebd.) Analyse von Artikeln bestätigt den Mangel an Längsschnittstudien; in seiner Analyse bauen nur 6% aller Artikel auf Längsschnittstudien auf. Der Mangel an Längsschnittstudien erklärt auch, weshalb nur wenige dieser Studien die vier untersuchten Modelle bestätigen. Dass Obergs und Bennetts Modell weder von qualitativen noch von Längsschnittstudien bestätigt werden, ist außerdem darauf zurückzuführen, dass beide Modelle in der heutigen Forschung nicht (mehr) als aktuell und relevant gehandelt werden. Auch die vorliegende Analyse spiegelt dies wider, da Berrys Modell von manchen Längsschnitt- und qualitativen Studien als Grundlage verwendet wurde, während die anderen drei Modelle in den Studien nicht getestet wurden. Bemerkenswert ist jedoch, dass alle drei Studien, die Berrys Modell als Grundlage verwendeten, dieses auch bestätigen konnten.

	Grundlagenmodelle	Referenzmodelle
Qualitative Studien (gesamt 6)	Acculturation complexity model (2) Berry (1) Continuing bonds model (1)	Berry (2) Ward und Bennett (1)
Längsschnittstudien (gesamt 6)	Berry (2) Lysgaard (1)	Berry (1)

Tabelle 4: In Längsschnittstudien und qualitativen Studien verwendete Modelle

bestätigte Modelle	Berry	Acculturation Complexity Model	Lysgaard
Qualitative Studien	1	1	0
Längsschnittstudien	2	0	1

Tabelle 5: Von Längsschnittstudien und qualitativen Studien bestätigte Modelle

4 Implikationen für das Akkulturationsmodell von John W. Berry

4.1 Aktuelle Kritik an Berrys Modell

Noch immer gilt Berrys Modell, das in der vorliegenden Artikelanalyse vom Großteil der Artikel (55%) als Grundlagenmodell verwendet wurde, als sehr plausibel (Weinreich 2009, 124). Auch in der Analyse von Chirkov (2009a, 98) wurde Berrys Modell vom Großteil der Artikel als Grundlage verwendet. Trotzdem wird es in aktuellen Artikeln zunehmend kritisiert und Möglichkeiten der Verbesserung und Erweiterung des Modells werden diskutiert. Folgende aktuelle Kritikpunkte an Berrys Modell und bisherige Antworten darauf können zusammengefasst werden:

1. **Die Akkulturationsstrategien sind unklar definiert und ihre Verfolgung ist nur unter bestimmten Bedingungen möglich.**

Vor allem Berrys Auffassung von der Strategie der *Integration* wird in der aktuellen Auseinandersetzung kritisiert. Berrys eigene Beschreibung der Integrationsstrategie

> "When there is an interest in both maintaining one's heritage culture while in daily interactions with other groups, integration is the option. In this case, there is some degree of cultural integrity maintained, and at the same time seeking, as a member of an ethnocultural group, to participate as an integral part of the larger social network." (Berry 2005, 705)

lässt einige Fragen offen. Es ist unklar, wie Integration erreicht wird, ob beispielsweise durch eine Verschmelzung der kulturellen Orientierungen akkulturierender Personen oder in anderer Weise. Überdies stellt sich die Frage, ob es situationsabhängige Identitäten gibt, sodass Personen je nach Situation mal ‚traditionelle' und mal ‚moderne' Identitäten annehmen (Ward 2008, 107), was auch eine Form von Integration sein kann. Auch ist Akkulturation kein zweckbestimmter Ablauf mit fixem Endpunkt, sondern stattdessen in ständiger Bewegung, weshalb Integration nicht als das Endziel der Akkulturationsentwicklung gesehen werden kann (Bhatia/Ram 2009, 148). Berrys Erläuterung von Akkulturation fehlt außerdem eine Erklärung dafür, wie Konflikte, Macht und Asymmetrie den Akkulturationsprozess von Migranten beeinflussen (ebd.). Berrys Integrationsverständnis impliziert, dass die Minderheiten- und die Mehrheitskultur gleichen Status und gleiche Macht haben und ignoriert somit unter anderem die Schwierigkeiten von Migranten bei der Aneignung der fremden Kultur, die entstehen, wenn – wie häufig – deren Kultur einen niedrigeren Status als die dominante Kultur hat. Bhatia und Ram (ebd.) stellen auch die Frage nach Indikatoren für die Integration mit der Gastkultur. Ward (2008, 107) stellt außerdem folgende Fragen: Weshalb verfolgen Menschen die Strategien ‚Assimilation' und ‚Separation', wählen sie die jeweilige Strategie freiwillig oder sind sie aufgrund mangelnder Fähigkeiten dazu gezwungen? Was sind Indikatoren für die jeweilige Strategie; woran wird erkennbar, welche Strategie jemand verfolgt (vgl. Bhatia/Ram 2009, 148)? Kommt Marginalisierung nur aufgrund von Zwangslagen vor oder ist sie eine wirkliche Option? Ändern sich die Akkulturationsorientierungen mit der Zeit? Gibt es auch noch andere Arten, Orientierungen zu der traditionellen Kultur und der breiten Gesellschaft zu konzeptualisieren? Diese Fragen werden von Berrys Modell nur unzureichend behandelt (vgl. ebd.) und werden in Punkt 4.2 teilweise beantwortet. Weinreich (2009) weist darauf hin, dass Akkulturationsstrategien unbedingt innerhalb des jeweiligen historischen und politischen Kontextes betrachtet werden müssen, da sie andernfalls nicht als gültiges Erklärkonstrukt für den Akkulturationsprozess verwendet werden können.

2. **Dem Modell fehlt die Offenheit für die unzähligen, vielfältigen Einflussvariablen in der Immigrationsforschung.**

Chirkov (2009b, 89) nennt als Kritikpunkt an Berrys Modell auch die mangelnde Flexibilität. Das Modell lässt keinen Platz für neue Situationen, Gruppen und soziale Handlungen (ebd.). Die Rolle der Sprache als aktives, konstruktives, bedeutungsschaffendes Mittel zur Organisation des Lebens und der Erfahrungen der Menschen wird ignoriert (Chirkov 2009c, 178). Safdar et al. (2009, 472) nennen drei weitere wesentliche Einflussfaktoren auf Akkulturation: Psychosoziale Ressourcen, Verbundenheit (im Sinn von Identifizierung mit der eigenen Ethnie und sozialer Unterstützung durch die eigene Familie) und Schwierigkeiten (unabhängig davon, ob diese in Verbindung mit der Akkulturation auftreten oder nicht), wobei Verbundenheit in etwa der Kulturdimension ‚Orientierung an der eigenen Kultur' nach Berry entspricht und psychosoziale Ressourcen teilweise implizit in den von ihm beschriebenen Akkulturationsveränderungen enthalten sind, sodass nur auftretende Schwierigkeiten nicht als Variable in Berrys Modell einbezogen sind.

3. **Nicht alle Voraussetzungen des Modells von Berry sind gegeben.** Weinreich (Weinreich 2009, 124) fasst die Voraussetzungen für Berrys Modell und die Kritik daran folgendermaßen zusammen:

a) Die Herkunfts- und Gastkultur sind „freundlich", d.h. ohne Rassismus, Intoleranz oder Unterdrückung.

Im Gegensatz zu dieser Annahme sind viele kulturelle Gemeinschaften, wenn auch unterschiedlich stark, fremdenfeindlich, was bis hin zur Gewalt gegenüber bestimmten ethnischen Gruppen führt. Die Annahme, Integration sei die vorteilhafteste und konfliktärmste Strategie (Berry 2005, 697), ist im Fall der Gewalt gegenüber ethnischen Minderheiten hinfällig, da hier die Strategien Assimilation und Integration für Migranten weder realisierbar noch wünschenswert sind (Weinreich 2009, 124, vgl. auch Bhatia/Ram 2009, 148). Separation hingegen ist dann in Anbetracht der Feindseligkeit der umgebenden Gesellschaft von Vorteil, da sie den Angehörigen der kulturellen Minderheit relative Sicherheit bietet. Selbst Marginalisierung kann in Form der Ablehnung von Hauptmerkmalen beider Kulturen die bevorzugte Strategie sein. Dies ist beispielsweise bei Flüchtlingen der Fall, welche vor einer unterdrückerischen Herkunftskultur fliehen und in der neuen Kultur mit Fremdenfeindlichkeit konfrontiert werden (Weinreich 2009, 124.). Außerdem sind nicht alle Kulturen offen für jeden, wie Berrys Modell voraussetzt, wie mehrere Beispiele zeigen (Deutschland im Nationalsozialismus, China/Tibet etc.) (ebd.). Die vier Akkulturationsstrategien von Berrys Modell werden von diesem Argument nicht in Frage gestellt, jedoch wird Integration nicht mehr als in jedem Fall bevorzugte Strategie betrachtet (z.B. Tardiff-Williams/Fisher 2009, 154). Die Annahme, Integration sei die prinzipiell bevorzugte Strategie, ist für die Forschung eher hinderlich und außerdem nicht tief greifend genug.

b) Die Akzeptanz der kulturellen Normen der dominanten Kultur widerspricht nicht den kulturellen Normen der Herkunftskultur.

Tatsächlich gibt es viele Widersprüche zwischen den Normen zweier unterschiedlicher Kulturen, so z.B. die ‚kindliche Pietät' bis ins Erwachsenenalter in der chinesischen und die hohe Wertschätzung der Selbstständigkeit und Unabhängigkeit von Jugendlichen und jungen Erwachsenen in der deutschen Kultur. Viele dieser unterschiedlichen Anforderungen lassen sich nur teilweise oder gar nicht miteinander vereinbaren. Daher erleben Migranten häufig Konflikte zwischen den Anforderungen ihrer Herkunfts- und der Gastkultur, was oftmals auch negative psychologische und soziale Auswirkungen hat (vgl. Ward 2008, 107).

c) Die Menschen sind in der Lage, zwischen den vier Akkulturationsstrategien Integration, Assimilation, Separation und Marginalisierung zu wählen.

Welche Akkulturationsstrategie jemand tatsächlich verfolgt, hängt nicht nur vom eigenen Willen, sondern auch von individuellen (z.B. Alter, Geschlecht, Dauer des Aufenthalts im Gastland, ethnokulturelle Herkunft) und psychosozialen Faktoren (gegenseitige Vorurteile, Kontakt zwischen den Gruppen, Status der Gruppe etc.) sowie dem Gruppenkontext (z.B. Besonderheiten der Immigrantengruppe oder des Gastlandes, politischer Kontext, Kulturdistanz, Regeln und Gesetze sowie dominante Ideologien) ab (Navas et al. 2009, 70). Im Folgenden soll der Einfluss dieser drei Faktoren auf die Akkulturationsstrategien näher erläutert werden:

Individuelle Faktoren:

Henry et al. (2009, 9) vermuten aufgrund der Ergebnisse ihrer Studie, dass die Art der Motivation, ein Leben in einer fremden Kultur zu beginnen, für die jeweils verfolgte Akkulturationsstrategie entscheidend ist. Demnach sind vor allem jene Personen für Marginalisierung prädestiniert, die sich nicht freiwillig in eine fremde Kultur begeben. Personen, die sich dagegen bewusst für den Aufenthalt in dem fremden Land entscheiden, wie beispielsweise Entwicklungshelfer, verfolgen dagegen häufiger die Strategie der Integration. Diese Vermutungen zeigen zwar, dass Akkulturationsstrategien nicht frei gewählt werden, sind jedoch nicht empirisch belegt.

Als Grund für Separation nennen Henry et al. (ebd.) außerdem ein hohes Alter bei der Ausreise sowie negative Einstellungen des Partners gegenüber der fremden Kultur. Die ethnokulturelle Herkunft dagegen hat keinen Einfluss auf die verfolgten oder erwünschten Akkulturationsstrategien, wie die Ergebnisse der Studie von Navas et al. (2009, 83) sowie von Bourhis et al. (2009, 463) zeigen.

Psychosoziale Faktoren:

Die Ergebnisse der Studie von Safdar et al. (2009, 470) zeigen, dass psychosoziale Ressourcen wie z.B. Geduld, eine stabile Psyche, soziale Unterstützung außerhalb der eigenen Kulturgruppe und der Erwerb bestimmter Fähigkeiten, die kulturelle Kompetenz fördern wie z.B. sprachliche Fertigkeiten (ebd., 472) eine wichtige Grundlage für den Kontakt mit Personen der fremden Kultur und damit für Integration sind. Laut Tadmor et al. (2009, 109) ist außerdem eine gewisse Toleranz für Dissonanzen Voraussetzung, um im Akkulturationsprozess widersprüchliche Aspekte beider Kulturen verinnerlichen und damit integrieren zu können. Wer diese Toleranz nicht mitbringt, wird demnach auch bei der Integration Schwierigkeiten haben. Jedoch stellt sich die Frage, ob anfängliche Toleranz für Widersprüchlichkeiten Integration fördert oder ob Integration Toleranz fördert (vgl. ebd., 125). Bei Personen mit hohem Bedarf nach eindeutigen Antworten, Regeln und Werten (NCC, ‚need for cognitive closure') bestimmt die soziale Unterstützung durch die eigene oder die fremde Gruppe, ob sie die Separation oder die Assimilation verfolgen, da diese Gruppe klare Regeln für das Verhalten, Denken und Fühlen der Person und damit die gewünschte Sicherheit bietet (Tadmor et al. 2009, 109). Die Ergebnisse der Studien von Tadmor et al. (ebd., 130) zeigen, dass größere integrative Komplexität – die Bereitschaft, verschiedene Weltsichten zu integrieren – tatsächlich eine Auswirkung des Akkulturationsprozesses ist. Integrative Komplexität beschreibt hier den Grad der Motivation zur Entwicklung kognitiver Schemata, welche die verschiedenen Weltsichten integrieren (Tadmor et al. 2009, 106):

> „Within a cross-cultural context, integrative complexity reflects the degree to which people accept the reasonableness of clashing cultural perspectives on how to live and, consequently, the degree to which they are motivated to develop cognitve schemas that integrate these competing worldviews by explaining how different people can come to such divergent conclusions or by specifying ways of blending potentially discordant normas and values." (Tadmor et al. 2009 , 106)

Die Ergebnisse der Studien von Safdar et al. (2009, 484) verdeutlichen, dass es eine positive Beziehung zwischen psychosozialen Ressourcen und der Einstellung zu Kontakten außerhalb der eigenen Gruppe sowie der Aneignung neuer kulturrelevanter Verhaltensweisen gibt, was eine Integration oder Assimilation ermöglicht. Umgekehrt konnten die Studien beweisen, dass geringe psychosoziale Ressourcen zu größerem psychischen und physischen Stress im Akkulturationsprozess führen.

Gruppenkontext:

Unabhängig von den persönlichen Voraussetzungen hat auch die Kulturdifferenz einen großen Einfluss darauf, bis zu welchem Grad z.B. die Strategie der Integration verfolgt werden kann. Selbst bei Personen mit hoher integrativer Komplexität, welche die besten persönlichen Voraussetzungen für eine Integration mit sich bringen, ist eine Integration beider Kulturen bei sehr hoher Kulturdifferenz, wie sie beispielsweise zwischen schwedischen Sozialdemokraten und afghanischen Islamisten besteht, aufgrund der massiven Unterschiede kaum oder nur in sehr geringem Maße möglich (ebd., 131). In assimilationistischen und multikulturellen Gesellschaften wie den USA ist es für Immigranten leichter, durch positive Einstellungen gegenüber der Gesellschaft und aktive Beteiligung daran Erfolg zu haben (vgl. Safdar 2009, 484). Allerdings sind die Immigranten dort häufig Schwierigkeiten aufgrund von Diskriminierung z.B. bei der Arbeitssuche ausgesetzt, weshalb ihnen die Wahl der Integration erschwert wird (ebd., 485).

Ganz unabhängig von Einflussvariablen auf die Strategiewahl argumentiert Weinreich (2009, 125), dass die von Berrys Modell vorausgesetzte bewusste Wahrnehmung und Wahl zwischen verschiedenen Identitäten nicht der Realität von Identitätsprozessen entspricht, da diese weit komplexer sind und sich im Normalfall der bewussten Wahrnehmung entziehen. Die in Berrys Modell angenommene klare Akzeptanz und/oder Ablehnung der dominanten bzw. der Herkunftskultur im multikulturellen Kontext ist eine zu starke Vereinfachung der Realität (ebd.; vgl. auch Bhatia 2009, 148). Anstatt zwischen verschiedenen Akkulturationsstrategien zu wählen, lassen sich Migranten in der Begegnung mit der fremden Kultur in Abhängigkeit von ihrem jeweiligen Identitätsempfinden auf deren kulturelle Eigenheiten ein (Waldram 2009, 174).

d) Die Wahl der Strategie hat großen Einfluss auf das Wohlbefinden, sodass die Strategie der Integration als gute Anpassung und die Strategie der Marginalisierung als schlechte Anpassung gilt (ebd.).

Außerdem verinnerlichen Menschen mit zunehmendem Alter mehr Ziele und Prinzipien, welche ihr Handeln einschränken (Tardiff-Williams/ Aktuelle Forschungsergebnisse zeigen, dass ethnische Orientierung [im Sinn der Ausrichtung auf eine bestimmte Ethnie, KB] für die einzelne Person von höherer Bedeutung ist als Integration, da Integrationsbestrebungen zu einer Vergrößerung des kulturellen Abstandes zur Herkunftskultur führen können (Wals et al. 2008, 372). Dadurch besteht die Gefahr, letztlich in keiner der beiden Kulturen psychisch und sozial verankert zu sein (ebd.). Personen, welche beide Kulturen integrieren und bikulturell werden, erleben während ihrer Akkulturation tatsächlich größere kulturelle Dissonanzen als solche, die die Strategien Separation oder Assimilation verfolgen (Tadmor et al. 2009, 107). Dies geschieht, weil bikulturelle Personen sich für ihr Verhalten gegenüber repräsentativer Mitglieder beider kultureller Gruppen verantworten müssen und daher einem höheren Druck ausgesetzt sind als solche, welche sich nur den Regeln einer Gruppe beugen müssen (ebd.). Vor allem dann, wenn die Regeln beider Gruppen unvereinbar miteinander sind, kann es zu großen inneren Konflikten kommen. Dies kann schließlich dazu führen, dass einige Personen sich im Prozess der Integration nicht wohl fühlen und daher eine andere Strategie – Separation oder Assimilation – verfolgen. Auch die Untersuchungen von Navas et al. (2009, 84) bestätigen, dass Integration nicht in jedem Lebensbereich die bevorzugte Strategie ist.

Fisher 2009, 153), was ebenfalls eine mögliche Erklärung für eine separatistische Orientierung ist. Auch der meist privilegierte Status von Immigranten, welche aus Industrieländern in Entwicklungsländer gehen, kann zur Separation beitragen (Henry et al. 2009, 9). Trotz der manchmal bewussten Entscheidung für Separation gibt es viele Studien, welche belegen, dass integrierte Personen am besten ‚angepasst' sind (Ward 2008, 106) und am wenigsten Identitätskonflikte haben, wie eine Studie von Ward (ebd., 108) zeigt. Tadmor et al. (2009, 107) bestätigen, dass der Wechsel von Kulturen (‚cultural frame switching') die Komplexität bikultureller Personen erhöht, da sie zunehmend integrierte Kulturschemen entwickeln. Auch lässt sich nicht mit Bestimmtheit sagen, dass Marginalisierung an sich negativ ist. Die Ergebnisse der von Tadmor et al. (ebd., 133) durchgeführten Studien zeigen, dass marginalisierte Personen aufgrund der stärker erlebten Dissonanzen eine höhere integrative Komplexität aufwiesen als Personen, welche die Separations- oder Assimilationsstrategie verfolgen.

4.2 Erweiterung des Modells von Berry

In der Forschung wird nicht nur Kritik an Berrys Modell geübt, es werden auch verschiedene Ansätze zu dessen Erweiterung vorgeschlagen. Diese werden im Folgenden kurz dargestellt.

a) Stärkere Berücksichtigung ethnokultureller Identitätskonflikte

Für manche Personen sind die traditionelle und die neue Identität unvereinbar miteinander. Da Kultur und Identität eng miteinander verknüpft sind, bedeutet die Aufgabe der Herkunftskultur gleichzeitig die Ablehnung kultureller Aspekte der Herkunftsidentität (Weinreich 2009, 124), wodurch es im Fall von Assimilation und Marginalisierung zu inneren Konflikten kommen kann. Familie, gruppeninterne Faktoren sowie Faktoren der Persönlichkeitsentwicklung können die wahrgenommene Vereinbarkeit von Identitätsorientierungen reduzieren oder verstärken (Ward 2008, 112). Konflikte, die aus inkompatiblen Identitäten entstehen, wirken sich auch auf die psychologische und soziokulturelle Anpassung aus (ebd.). Henry et al. führen einen gänzlich neuen Gedanken an: Sie betrachten das Trauern um den Verlust der alten Kultur als einen ersten Schritt der Gewöhnung an die fremde Kultur und daher als hilfreicher als eine schnelle, aber oberflächliche Anpassung (Henry et al. 2009, 2). Die trauernde Person identifiziert sich demnach weiterhin mit ihrer verlorenen Kultur, schafft sich Verbindungen damit und integriert sie in ihr neues Leben (ebd.). Gelingt eine Integration beider Kulturen, so bieten die Verbindungen mit der alten Kultur (‚continuing bonds') Ressourcen und Problemlösungen. Gelingt die Integration nicht, so bieten diese Verbindungen zwar Trost, können einen inneren Konflikt zwischen den beiden Kulturen aber noch verschärfen. Die Unterscheidung von Akkulturationsstrategien in verschiedenen Lebensbereichen, welche der Untersuchung von afrikanischen Migranten in Spanien durch Navas et al. zugrunde liegt, ist notwendig für eine fundierte und differenzierte Untersuchung des Einflusses von Identitätskonflikten bzw. ihrer Vermeidung auf die verfolgten Akkulturationsstrategien. So zeigen die Ergebnisse der Untersuchung, dass sich Migranten vor allem in den Bereichen, wo es für sie überlebensnotwendig ist (Arbeit und Politik), assimilieren, in identitätsrelevanten Bereichen wie Familie und Werte aber eher die Separation verfolgen (Navas et al. 2009, 82).

b) Berücksichtigung von Langzeitakkulturation und der Motivation für ethnokulturelle Kontinuität

Unter Motivation für ethnokulturelle Kontinuität wird das Streben der Einzelperson nach der Bewahrung ihres eigenkulturellen Erbes verstanden (Ward 2008, 110). Dieses Bestreben erinnert daran, dass auch Einzelpersonen Einfluss auf ihre eigenen ethnokulturellen Gruppen haben können und dass nicht nur der umgekehrte Fall eintritt (ebd.). Je mehr die einzelne Person ihr eigenes kulturelles Erbe bewahren will, desto stärker wird auch die Gruppe von diesem Bestreben geprägt (ebd.), da auch wenige Einzelpersonen durch ihr Handeln und ihre Bestrebungen schon gruppendynamische Prozesse auslösen können. Der Einfluss von Einzelpersonen auf ihre Gruppe kann durch die Untersuchung der Einzelpersonen und der Auswirkungen ihres Verhaltens auf ihre Gruppe im Laufe der Zeit und über Generationen ergründet werden (Ward 2008, 110).

c) Erweiterung des Begriffs Akkulturationsgruppen

Nach dem Verständnis von Ward (2008, 111) und Waldram (2009, 175) schließen ethnokulturelle Gruppen alle Gruppen einer Gesellschaft ein, sowohl die dominante als auch die nicht-dominanten Gruppen, was in Berrys Modell nicht explizit dargestellt wird. Auch Bourhis et al. (2009, 463) schlagen vor, dass die Gastgesellschaft in der Akkulturationsforschung nicht mehr als einheitliches Ganzes betrachtet werden sollte, sondern als ein Komplex verschiedener Gruppen, die darum konkurrieren, Immigrantengruppen mit hohem Stellenwert anzuziehen und solche mit geringem Stellenwert zurückzuweisen.

Die Wechselwirkung zwischen Immigranten- und einheimischen Gruppen gewinnt in der Akkulturationsforschung zunehmend an Bedeutung. So betonen auch Tardiff-Williams und Fisher (2009, 154) den Einfluss nicht-dominanter ethnokultureller Gruppen auf die dominante Gruppe und unterstreichen damit die dialogische Natur von Akkulturation, welche nie nur einseitig stattfindet. Oftmals negieren entsprechende Studien jedoch die interaktive Natur dieses Prozesses und machen vorwiegend die Akkulturationsstrategien der untersuchten Minderheitengruppe für die Gestaltung dieses Prozesses verantwortlich (Chirkov 2009c, 178).

Waldram konstatiert eine einseitige Ausrichtung von Akkulturationsstudien auf radikale Veränderungen wie z.B. bei Migranten und Flüchtlingen, wo kulturelle Unterschiede leicht zu beobachten sind und schnell erfahrbar werden (Waldram 2009, 175). Akkulturationstheorien müssen jedoch auch die Veränderungen in den Erfahrungen von Personen erklären, welche in eine neue Nachbarschaft ziehen, die Schule oder die Arbeit wechseln, das Studium beenden oder deren eigene soziale Welt sich durch neue Einflüsse wie den Eintritt von Immigranten verändert (vgl. ebd.). Aus dieser Perspektive betrachtet, durchlaufen fast alle Menschen Akkulturationsprozesse, da nahezu jeder Mensch in seinem Leben mehrmals neue soziale Räume betritt und damit Teil neuer sozialer Gefüge wird. Hier zeigt sich wieder, wie wichtig die Definition von ‚Kultur' für das Verständnis von Akkulturation und daher auch für die Definition von Akkulturationsgruppen ist. Wird auch ein soziales Gefüge wie beispielsweise ein Arbeitskontext mit seinen ganz eigenen Regeln, Abläufen, Symbolen und Bedeutungen als Kultur verstanden, so kann die Definition von Akkulturation als ‚Ergebnis des Kontaktes zwischen zwei oder mehreren kulturellen Gruppen und ihren individuellen Mitgliedern' (Berry 2005, 698) auch hier gelten.

Auch Touristen können als eigene Akkulturationsgruppe gelten. Obwohl sie als Untergruppe von Sojourners wahrgenommen werden können, werden sie in Berrys Auflistung von Akkulturationsgruppen nicht erwähnt. Ward schlägt vor, Touristen als eigene Akkulturationsgruppe zu betrachten und ihnen in der Akkulturationsforschung mehr Aufmerksamkeit zu widmen (Ward 2008, 111).

d) Unterscheidung der Akkulturationsstrategien in verschiedenen Lebensbereichen

Der Akkulturationsprozess muss als komplex und relativ wahrgenommen werden, da in verschiedenen Lebensbereichen unterschiedliche Akkulturationsstrategien verfolgt werden, wie beispielsweise in Arbeit und Privatleben (Navas 2009, 70). Auch unterschiedliche Wirkungen von Akkulturation in den verschiedenen Lebensbereichen sollten untersucht werden (ebd., 69). Das ‚relative acculturation extended model' (RAEM) unterscheidet in sieben Lebensbereiche: Politik, Arbeit, Wirtschaft, religiöser Glaube und Bräuche, Prinzipien und Werte, soziale und familiäre Beziehungen (ebd., 70). Navas et al. konnten in ihrer Untersuchung von Maghrebinern in Spanien (2009, 74) bestätigen, dass in unterschiedlichen Lebensbereichen unterschiedliche Akkulturationsstrategien verfolgt werden. So werden in eher peripheren Bereichen wie Arbeit und Wirtschaft häufiger die Strategien Assimilation und Integration verfolgt, während in zentralen Bereichen wie religiöser Glaube und Bräuche, soziale Beziehungen, Familie, Prinzipien und Werte häufiger die Strategie der Separation verfolgt wird (ebd., 80). Eine Unterscheidung der Akkulturationsstrategien in verschiedenen Lebensbereichen ist also nicht nur sinnvoll und gerechtfertigt, sondern notwendig.

e) Unterscheidung von Akkulturationsstrategien auf realer und idealer Ebene

Die Untersuchung von Akkulturationsstrategien sollte der unterschiedlichen Wahrnehmung bzw. Bevorzugung von Akkulturationsstrategien durch Migranten und Einheimische gerecht werden und außerdem auf zwei Ebenen stattfinden: Auf der realen Ebene wird untersucht, welche Akkulturationsstrategien Migranten nach eigener Aussage und welche sie nach Wahrnehmung von Einheimischen tatsächlich verfolgen und auf der idealen Ebene wird untersucht, welche Akkulturationsstrategien Migranten selbst bzw. Einheimische bei Migranten bevorzugen würden (Navas et al. 2009, 70). Die Untersuchungen von Navas et al. mit Maghrebinern und schwarzafrikanischen Migranten in Spanien (2009, 74, 76) zeigen, dass die Wahrnehmung Einheimischer von den Akkulturationsstrategien der Migranten nicht immer mit deren eigener Einschätzung übereinstimmt, wobei vor allem in Bezug auf die Assimilations- und die Separationsstrategie Uneinigkeit herrscht. Einheimische nahmen Migranten als weniger assimiliert wahr als Migranten sich selbst. Die Separation von Migranten empfanden Einheimische jedoch stärker als die Migranten selbst. Diese unterschiedliche Wahrnehmung ist auch eine mögliche Erklärung für Konflikte zwischen beiden Gruppen (vgl. ebd., 83). Auf der idealen Ebene ist der Unterschied zwischen Migranten und Einheimischen noch größer: Tendenziell bevorzugen maghrebinische und schwarzafrikanische Migranten die Separation oder Integration und Einheimische die Assimilation (ebd., 77). Auch in der Bevorzugung bestimmter Strategien gibt es je nach Lebensbereichen Unterschiede; auch hier bevorzugen Immigranten in den eher peripheren Bereichen wie Arbeit und Wirtschaft die Assimilation, während sie in den zentralen Bereichen die Separation vorziehen (ebd., 81). Einheimische dagegen favorisieren in fast allen Bereichen außer Religion eine Assimilation der Migranten. Allein in den sozialen Beziehungen befürworten sie die Integration der Immigranten. Die Untersuchungen von Studenten einer US-Universität durch Bourhis et al. (2009, 462) widersprechen jedoch der Annahme, dass Einheimische immer die Assimilation von Immigranten vorzögen. Bourhis et al. konnten keine Bevorzugung einer bestimmten Strategie der ausländischen Studenten bei Einheimischen feststellen und erklären dies mit der pluralistisch orientierten Universitätsstruktur.

f) Unterscheidung von situationalistischen und ursprungsbezogenen Tendenzen in der Forschung

Weinreich unterscheidet zwei unterschiedliche Arten der Enkulturation bei Migranten. ‚*Situationalists*‘ verfolgen eine situationsbezogene und ‚*premordialists*‘ eine ursprungsbezogene Enkulturation (Weinreich 2009, 135). Da er gleichzeitig empfiehlt, den Begriff Akkulturation durch ‚Enkulturation’ zu ersetzen (Weinreich 2009, 125; siehe Punkt 5.1), gilt der Vorschlag einer derartigen Unterteilung von Migranten auch für die Akkulturationsforschung.

Während *premordialists* an einer Ethnizität als unbestrittener Gegebenheit festhalten, die von Generation zu Generation weitergegeben wird, passen *situationalists* ihre ethnische Loyalität an die historischen und biographischen Gegebenheiten an (ebd., 129). Auch Waldram (2009, 174) befürwortet diese Unterteilung von Identität, da sie eine Diskussion über die Multidimensionalität von Kultur erlaubt.

Angesichts der Komplexität von Enkulturationsprozessen erscheint es sinnvoll, hier von situationalistischen und ursprungsbezogenen Tendenzen zu sprechen, anstatt Migranten in die Gruppen *situationalists* und *premordialists* einzuteilen. Da Enkulturationsprozesse auf verschiedenen Ebenen stattfinden, besteht die Möglichkeit, dass eine Person beispielsweise in Bezug auf ethische Werte einen ursprungsbezogenen Umgang mit Enkulturation, in Bezug auf Bildung jedoch eine situationalistische Enkulturation verfolgt.

g) Wegfall des Konzeptes „Akkulturationsstress" (Floyd Rudmin 2009)

Akkulturationsstress wurde als fest in der Akkulturationsforschung verankerter Begriff für alle möglichen Probleme kultureller Minderheiten verantwortlich gemacht, wie wenig diese auch tatsächlich mit der Akkulturation zu tun haben mochten (Rudmin 2009, 116). Der Begriff ist jedoch nicht unproblematisch, wie im Folgenden erläutert wird.

Die Fixierung auf den Akkulturationsstress hat unter anderem zur Missachtung bestimmter Akkulturationsmotivationen wie beispielsweise Zweckmäßigkeit geführt. Selbige ist unter anderem bei Diplomaten, Spionen, Missionaren und Geschäftsleuten ausschlaggebend dafür, dass sie sich in fremde Kulturen und damit in einen Akkulturationsprozess begeben, selbst wenn sie gegenüber der betreffenden fremden Kultur eine negative Einstellung haben (ebd., 117). Die Loslösung der Akkulturationsforschung von ihrer Fixierung auf den Akkulturationsstress würde eine positivere Akkulturationspsychologie erlauben, welche auch Erfahrungen zunehmender Freiheit, Kompetenz und zunehmenden persönlichen Wachstums mit einbezieht. Aus folgenden weiteren Gründen plädiert Rudmin dafür, das Konstrukt „Akkulturationsstress" in der Akkulturationsforschung zu streichen, ohne jedoch dabei dieses Phänomen leugnen zu wollen (ebd., 116):

1) In vielen Studien und Artikeln werden die Ursachen von Akkulturationsstress nicht korrekt dargestellt. Beispielsweise ist der häufig beobach-

tete Zusammenhang zwischen Bikulturalismus – im Sinne der Verinnerlichung zweier Kulturen – und geringem Stress nicht zwingend auf den Bikulturalismus zurückzuführen. Er lässt sich vielmehr damit begründen, dass gestresste Personen Bikulturalismus aufgrund des zusätzlichen Konfliktes und des diversitätsbedingten Stresses, den diese Akkulturationsstrategie hervorruft, vermeiden.

2) Es wird angenommen, dass Akkulturationsstress Krankheit auslöst, jedoch tritt häufig auch der umgekehrte Fall ein, sodass wieder strittig ist, was Ursache und was Wirkung ist.

3) In den meisten Studien sind die durch Akkulturationsstress ausgelösten Krankheiten mentaler Art. Auch hier ist es oft schwierig festzustellen, ob psychische Krankheiten tatsächlich eine Auswirkung oder aber eine Ursache von Akkulturationsstress sind.

4) Akkulturationsstress kann nicht anhand seiner gesundheitlichen Auswirkungen wie etwa Bluthochdruck oder Depressionen gemessen werden, da diese oft auch auf kulturelle Praktiken wie z.B. Diäten, Geschlechterrollen und den Umgang mit Alkohol zurückzuführen sind. Dieses Problem dürfte jedoch leicht zu lösen sein, indem die Gesundheit von Migranten mit der von daheim gebliebenen Angehörigen ihrer Herkunftskultur verglichen wird.

5) Es ist schwierig, Akkulturationsstress von ‚allgemeinem lebensbedingtem‘ Stress zu unterscheiden, der andere Auslöser hat.

6) Skalen, die der Messung von Akkulturationsstress dienen, verwenden dafür teilweise unpassende Dimensionen und Konstrukte wie Sprache oder interkulturelle Kompetenz. Trotzdem beispielsweise kulturelle und sprachliche Kompetenz auf Akkulturationsstress Einfluss haben und umgekehrt, können sie nicht als Indizien für Akkulturationsstress verstanden werden. Auch ob finanzieller Stress, der ebenfalls in einer Skala verwendet wird, zu Akkulturationsstress gehört, ist umstritten.

7) Viele empirische Studien belegen, dass Akkulturation in sich nicht stressig ist. In bestimmten Fällen, wie z.B. bei festlandchinesischen Immigran-

ten in Hongkong, weisen Migranten sogar eine bessere psychische Gesundheit (im Zusammenhang mit Depression, Lebensziel und Zufriedenheit mit dem eigenen Leben) als die Einheimischen auf.

5 Antworten der aktuellen Forschung auf die Kritik an den Modellen von Oberg, Berry, Ward und Bennett

5.1 Definitionen des Begriffes ‚Akkulturation'

Auch in der aktuellen Forschung werden alle Funktionsgebiete (wie z.B. Sprache, Identität, Werte, Beziehungen in der Familie und im Arbeitskontext) im Begriff „Akkulturation" zusammengefasst, obwohl deren Veränderungsprozesse unterschiedlich ablaufen (Tardiff-Williams/Fisher 2009, 153). Deshalb wird in letzter Zeit in der Forschung größerer Wert darauf gelegt, den Begriff Akkulturation abzugrenzen (ebd.). Auch wird der Begriff Akkulturation häufig noch mit „Anpassung" gleichgesetzt (Chirkov 2009a, 98) bzw. als ein linearer Prozess betrachtet in der Annahme, dass Menschen umso gesünder und erfolgreicher würden, je akkulturierter sie sind (Chirkov 2009c, 178).

In der Analyse der aktuellen Forschung zeigt sich, dass häufig Berrys Definition von Akkulturation verwendet wird (z.B. Fritz/Chin/De Marinis 2008, 152), wonach „Akkulturation der duale Prozess kultureller und psychologischer Veränderungen" ist, welcher „als Ergebnis des Kontaktes zwischen zwei oder mehreren kulturellen Gruppen und ihren individuellen Mitgliedern stattfindet"(Berry in Fritz 2008, 245).

An dieser Definition kritisiert unter anderem Chirkov (2009 c, 177), dass sie zu sehr auf Gruppen ausgerichtet sei. Akkulturationspsychologen, welche nach dieser Definition vorgehen, identifizieren verschiedene kollektive Akkulturationsstrategien von Gruppen und versuchen, deren Auswirkungen auf Gesundheit, Wohlbefinden und Leistung der jeweiligen Personen abzuleiten. Diesem Ansatz mangelt es jedoch an repräsentativen und verlässlichen Studien, welche ihn rechtfertigen könnten (ebd.).

Akkulturationsprozesse zwischen Individuen haben, wie schon in Punkt 4.2 erwähnt, auch gestaltenden Einfluss auf deren Kulturen. Nach Tardiff-Williams/Fisher sind Kultur und Akkulturation aus dieser Perspektive kollektive meinungsbildende Prozesse und verkörpern zwischenmenschliche Beziehungen (Tardiff-Williams/Fisher 2009, 152). Diese Ebene der Analyse von Akkulturation als Verkörperung zwischenmenschlicher Interaktion fehlt jedoch in den vier untersuchten Modellen (ebd.). Weil Akkulturation eng mit dem Begriff „Kultur" verknüpft ist (vgl. Rudmin 2009, 109), muss auch die dem Akkulturationsbegriff innewohnende Definition von Kultur betrachtet werden, um das jeweilige Akkulturationsverständnis zu verstehen. Bei Berrys Kulturverständnis wird häufig die Konzentration auf interkulturelle anstatt auf zwischenmenschliche Beziehungen kritisiert (z.B. Tardiff-Williams/Fisher 2009, 152).

Auch im Großteil der von Chirkov (2009a, 98) analysierten Artikel wird Akkulturation ähnlich wie bei Berry definiert. 43% der von Chirkov analysierten Artikel definieren Akkulturation folgendermaßen:

> "Acculturation occurs as a result of a CONTACT of two or more cultures; following this contact some CHANGES or MUTUAL INFLUENCES take place in the interacting parties; these changes and mutual influences occur OVER TIME; and acculturation may occur either at a GROUP or INDIVIDUAL level, or both." (ebd.)

Es gibt auch Bestrebungen, den Akkulturationsbegriff durch ‚*Enkulturation*' abzulösen, da dieser Begriff die individuelle Aufnahme kultureller Elemente durch die Sozialisation betont, während *Akkulturation* meist die Aneignung der dominanten „Gast"-Kultur durch Migranten meint. Dies kommt der zunehmenden Wahrnehmung und Bedeutung des dialogischen Charakters von Akkulturation in der aktuellen Forschung sehr entgegen. Während *Akkulturation* die verhältnismäßig schwächer werdende Bedeutung der Herkunftskultur impliziert und die dominante Kultur als einheitlich darstellt, betont *Enkulturation* nach Weinreich die ständige Aufnahme von Elementen jeglicher verfügbarer Ethnizitäten, unabhängig davon, ob es sich dabei um die dominante Kultur, die Herkunftskultur oder andere handelt (Weinreich 2009, 125). Enkulturierte Elemente können so als Aspekt einer aktualisierten Interpretation der Ethnizität des Migranten verstanden werden. Sie können ausgewählte Merkmale alternativer, verfügbarer kultureller Erscheinungsformen im multikulturellen Kontext sein, wie z.B. Rap – Musik oder der Stolz darauf, ‚schwarz' zu sein. Auch frühere Tabus wie Homosexualität können zu den enkulturierten Elementen gehören. Enkulturationsprozesse werden bei Weinreich als Fortführung biographischer Entdeckungserfahrungen verstanden, wobei die eigene Wahl der Elemente eine größere Autonomie und innovativere Lebensstile bietet (ebd.). Weinreichs Verständnis von Enkulturation unterscheidet sich damit stark von Berrys, welcher Enkulturation als den „Prozess, der Individuen mit ihrem primären kulturellen Kontext verbindet“ (Berry 2002) versteht. Auch Weinreichs Auffassung von *Enkulturation* findet jedoch keine ungeteilte Zustimmung. So schlägt Waldram (2009, 174) vor, Enkulturation nicht wie Weinreich und Rudmin als das Lernen von Kulturen zu verstehen, sondern als Prozess, in welchem man lernt, in einem gegebenen realen Kontext kulturell zu handeln:

> "However, I would suggest that an alternative way to look at enculturation would be to conceptualize it not as culture learning, as Weinreich and Rudmin do, but rather as the process of learning to be cultural in a given real world context." (Waldram 2009, 174)

In eine ganz andere Richtung als Weinreich geht Rudmin, der unter ‚Akkulturation' den Erwerb einer Zweitkultur versteht (Rudmin 2009, 109). ‚Assimilation' beschreibt nach diesem Verständnis nicht die Anpassung der Minderheitengruppe an die Mehrheitskultur, sondern die Assimilation des Individuums an fremde Kulturen im biologischen Sinne der Aufnahme; ‚Verdauung' dieser fremden Kultur und ihrer Eingliederung. Wird Akkulturation als Erwerb einer Zweitkultur verstanden, impliziert dies die Betrachtung des Einzelnen als Repräsentant seiner Gruppe. Das entspricht einer essentialistischen Auffassung von Kultur, die schon seit Langem kritisiert wird (siehe Punkt 5.5) (Waldram 2009, 174). Einen Ausweg daraus bietet der Vorschlag von Tardiff-Williams/Fisher (2009, 150), Akkulturation als dialogischen und ständig veränderbaren Prozess zu rekonzeptualisieren. Dieser Vorschlag spiegelt die ersichtlich starke Tendenz in der aktuellen Akkulturationsforschung wider, den dialogischen Charakter von Akkulturation sowie ihre Prozesshaftigkeit zu betonen.

Rudmin plädiert außerdem für die Definition von Akkulturation als einen Prozess interkulturellen Lernens, da sie dadurch weniger mit Stress und Pathologie in Verbindung gebracht wird und die Akkulturationspsychologie dabei aus einem positiveren Blickwinkel betrachtet wird (ebd., 110, 117). Diese Sichtweise ist auch besser mit der Tatsache vereinbar, dass sowohl Angehörige als auch Nicht-Angehörige der Minderheitengruppe am Akkulturationsprozess teilhaben (vgl. ebd.). Nach Rudmins Ansicht muss Akkulturation jedoch nicht immer Veränderungen der jeweiligen Kulturen mit sich bringen.

Chirkov (2009c, 178) schlägt folgende Definition individueller Akkulturation vor:

> ‚Individuelle Akkulturation ist (im Gegensatz zur Akkulturation von Gruppen) ein Prozess, den eine selbstbestimmte Person erfüllt (es ist kein Prozess, der einer Person passiert), nachdem sie mit einer kulturellen Gemeinschaft zusammen getroffen und in sie eingetreten ist, welche sich von der Kulturgemeinschaft, in der sie erstmalig sozialisiert wurde, unterscheidet. Akkulturation bringt eine bewusste, reflexive und meist vergleichende kognitive Aktivität mit sich, die auf das Verstehen des Bezugsrahmens und der Bedeutungen in der eigenen kulturellen Gemeinschaft als auch auf die in der neuen kulturellen Gemeinschaft entdeckten Bezugsrahmen sowie Bedeutungen im Blick auf die Welt, auf andere Personen und sich selbst gerichtet ist. Dieser Prozess tritt innerhalb eines Kontextes von sowohl tatsächlichen als auch symbolischen Interaktionen mit den Angehörigen der eigenen als auch der fremden Kultur auf. Akkulturation ist ein unbefristeter, kontinuierlicher Prozess, der Fortschritt, Rückfälle und Wenden enthält, die praktisch unmöglich vorherzusehen oder zu kontrollieren sind.‘ (Chirkov 2009c, 178)

Mit dieser Beschreibung von Akkulturation widerspricht Chirkov nicht dem Akkulturationsverständnis von Berry, geht aber wesentlich mehr ins Detail und betont im Gegensatz zu Berrys Definition die Selbstbestimmung akkulturierender Personen und die Unbeständigkeit und Unvorhersehbarkeit des Akkulturationsprozesses. Nicht enthalten in Chirkovs Definition ist jedoch die Möglichkeit, dass auch der Eintritt von kulturell Fremden in eine kulturelle Gemeinschaft bei Individuen dieser Gemeinschaft eine Akkulturation auslösen kann. Für Chirkov ist daher der Wechsel in eine fremde kulturelle Gemeinschaft Voraussetzung für Akkulturation.

Bhatia und Ram (2009, 148) lassen die Definition von Akkulturation etwas offener, indem sie diese als einen Prozess konstanter Auseinandersetzung beschreiben, die so lange fortschreitet, wie der Immigrant an seinem Platz in den größeren Strukturen von Geschichte, Kultur und Politik arbeitet.

5.2 Auslöser von Akkulturation

Obwohl in der aktuellen Forschung Einflussfaktoren auf Akkulturation bzw. Determinanten für eine positive Akkulturation eine große Rolle spielen (z.B. Safdar et al. 2009, 472), wurde die Frage, was die Auslöser von Akkulturation sind, zumindest in den für diese Analyse verwendeten Materialien noch nicht über die klassische Akkulturationsdefinition von Berry hinaus beantwortet.

5.3 Individuelle Unterschiede im Umgang mit Akkulturationsstrategien

Klassische Ansätze in der interkulturellen Forschung betrachten Kultur als Ganzheit. Im Gegensatz dazu begreift Weinreich Kultur als einen Komplex anhaltender individueller, Gruppen- und gesellschaftlicher Prozesse im historischen Kontext (Weinreich 2009, 127). Diese Sichtweise erlaubt einen stärkeren Fokus auf individuelle Unterschiede in der Verfolgung von Akkulturationsstrategien. Weinreich betont dabei den Einfluss individueller biografischer Voraussetzungen auf den Bezug von Migranten zu ihrer Herkunftskultur. Diese biografischen Gegebenheiten bestimmen individuelle, aber auch gesellschaftliche Prozesse, werden jedoch in Berrys Modell sichtbar ignoriert (Weinreich 2009, 127). Berry und Sam (2006, 296) betrachten Akkulturation laut eigener Aussage aus einer universalistischen Perspektive:

> ‚despite [...] substantial variations in the life circumstances of the cultural groups that experience acculturation, the psychological processes that operate during acculturation are essentially same for all the groups; that is we adopt a universalist perspective on acculturation'

Dies impliziert, dass Akkulturation nach bestimmten Gesetzen abläuft, die diesen Prozess unabhängig von den Charakteristika und Besonderheiten der darin involvierten Personen steuern (vgl. Chirkov 2009a, 96). Ziel der Akkulturationspsychologie ist es demnach, diese Gesetze zu ergründen und Akkulturation mit ihrer Hilfe zu erklären (ebd.). Sie können nach diesem Verständnis auch verwendet werden, um Akkulturationsprobleme von einzelnen Migranten zu erklären und Lösungsvorschläge bereitzustellen (ebd.).

Tardiff-Williams und Fischer (2009, 153) bemängeln den universalistischen Grundgedanken in Berrys Modell und die darin enthaltene Annahme, dass es dieselben psychologischen Prozesse sind, welche die Akkulturation verschiedener kultureller Gruppen kennzeichnen. Ihrer Ansicht nach gibt es beachtliche Unterschiede in den Erfahrungen verschiedener kultureller Gruppen und Generationen, sodass sich deren psychologische Akkulturationsprozesse unterscheiden. Berry dagegen ignoriert den dialogischen und dynamischen Charakter von Akkulturation sowie das Entstehen von unterschiedlichen psychologischen, soziokulturellen und historischen Milieus, in welchen sich zwischenmenschliche Beziehungen entfalten (ebd.).

5.4 Westlich-humanistisch geprägte Perspektive

Wie schon in Punkt 4.1 angesprochen, fehlen Studien, welche die Akkulturation von Sojourners in Asien untersuchen, obwohl deren Anzahl tendenziell steigt. Dieser Entwicklung müsste die Forschung Rechnung tragen. Auch unter den Wissenschaftlern bleiben Asiaten unterrepräsentiert und Afrikaner kommen – zumindest in der vorliegenden Analyse – überhaupt nicht vor. Interessant ist, dass der einzige der untersuchten Artikel, welcher von Asiaten in Asien verfasst wurde (Yaping Gong/Song Chang 2007 in Hongkong), von der Beziehung zwischen interkultureller Anpassung und Lern- sowie Zielorientierung handelt, was in der Bildungsorientierung der chinesischen Kultur begründet sein könnte. Auch Bhatia und Ram (2009, 141) kritisieren, dass die Akkulturationsforschung den speziellen kulturell unterschiedlichen und politisch geprägten Erfahrungen neuer, nicht-europäischer Immigranten nicht gerecht wird, indem sie Immigration als einen Prozess fester Phasen und Stufen untersucht. Die unterschiedlichen, teilweise widersprüchlichen und politisierten Erfahrungen dieser neuen Immigranten sind für die Akkulturationsforschung jedoch eine Möglichkeit, in einer globalisierten, zunehmend facettenreichen und länderübergreifenden Welt relevant und aktuell zu bleiben (ebd.).

5.5 Essentialistischer Kulturbegriff

Tardiff-Williams und Fisher (2009, 153) erkennen bei den klassischen Akkulturationsmodellen die Tendenz, Kultur als ein relativ stabiles Gebilde darzustellen. Dies entspricht einem essentialistischen Kulturbegriff, der eine stabile Gruppenidentität und eine kulturell eindeutig bestimmbare Homogenität voraussetzt (vgl. Hu 2003, 58). Diese essentialistische Sichtweise von Kultur wird von den genannten Autoren kritisiert, da sie die vielfältigen und unterschiedlichen Bedeutungen von Kultur für die individuellen Personen und deren Leben so vereinfachen und reduzieren, dass nur einige wenige vereinheitlichte Merkmale übrig bleiben (ebd.).

Im Gegensatz dazu versteht Weinreich (2009, 125) unter Kultur die „persönliche Interpretation verschiedener kultureller Erscheinungsformen, welche im Laufe des Lebens in die persönliche Identität einbezogen werden“ (Weinreich 2009, 125). Da hier verschiedenen kulturellen Erscheinungsformen ein Einfluss auf die Identität zugestanden wird, geht dieser Kulturbegriff über ein rein essentialistisches Verständnis hinaus.

An Berrys Modell kritisiert Weinreich, dass die Identität eines Individuums darin stark in Verbindung mit der Kultur seiner Gruppe gesehen wird (ebd.). Außerdem wird in dem Modell die Verschiedenheit der Herkunfts- bzw. Gastkultur zu wenig beachtet, es beschreibt diese einheitlicher als es der Realität entspricht (Weinreich 2009, 135). Nach Weinreichs Auffassung sind auch Berrys Akkulturationsstrategien zu undifferenziert, da sie die Tatsache, dass Migranten unterschiedliche Elemente der verfügbaren Kulturen enkulturieren, nicht berücksichtigen (ebd.). Den Strategien Integration, Assimilation, Separation und Marginalisierung liegt eine implizite essentialistische Auffassung von Kultur zugrunde, da der Mensch hier als Vertreter seiner Kultur betrachtet wird, der diese entweder beibehält oder sich von ihr abwendet.

5.6 Unerwünschte Lerneffekte

Unerwünschte Lerneffekte durch Akkulturation sind in den analysierten Artikeln kein Thema und bleiben weiterhin ein möglicher Untersuchungsgegenstand in der Akkulturationsforschung.

5.7 Positive Effekte des Akkulturationsprozesses

Wie viele Forscher konstatiert auch Rudmin (2009, 117) das Problem der einseitig negativen Betrachtung von Akkulturation und ihrer Beschreibung als ‚pathologisch‘. Er setzt dem die Darstellung von Akkulturation als einen Prozess interkulturellen Lernens entgegen, die der Bedeutung positiver Aspekte dieses Prozesses gerechter wird. Der Akkulturationsprozess führt bei günstigen persönlichen Voraussetzungen (wie in Punkt 4.1 erläutert) zu erhöhter integrativer Komplexität (Tadmor et al. 2009, 134) und bietet dadurch viele Chancen wie Selbstfindung, Freiheit von sozialen Rollen und kulturell kontrollierter Wahrnehmung sowie Zunahme von Kreativität. Diese positive Entwicklung durch Akkulturation setzt jedoch eine Offenheit für Ambiguität voraus (ebd., 132).

In diesem Zusammenhang ist besonders das Phänomen des sogenannten ‚Immigrantenparadoxons' interessant, welches besagt, dass Zuwanderer der ersten Generation, v.a. Kinder und Jugendliche, eine bessere Gesundheit, weniger negatives Verhalten sowie mindestens ebenso gute akademische Leistungen aufweisen wie ähnlich situierte Einheimische (Berry/Sam 2006, 125; vgl. auch Safdar 2009, 471). Dies konnte sowohl für lateinamerikanische Immigranten in den USA als auch für festlandchinesische Einwanderer in Hongkong (Rudmin 2009, 115) belegt werden. Dieses Phänomen kann als ein Indiz dafür gelten, dass Akkulturation sehr positive Auswirkungen haben kann. Es sollte allerdings näher untersucht werden.

Selbst Akkulturationsstress muss nicht unbedingt negativ sein (Waldram 2009, 174), da die wiederholte Auseinandersetzung mit kulturellen Konflikten zur stufenweisen Entwicklung unbewusster Bewältigungsstrategien sowie zur Entwicklung integrativer Komplexität (Tadmor et al. 2009, 107f.) führt.

Es gibt also mehrere neue Ansätze, welche einen Teil der Kritik an den vier analysierten Modellen beantworten. Unabhängig von den vielen einzelnen Ansätzen stellt sich die Frage, ob es auch neue Modelle gibt, welche ein schlüssiges Gesamtbild von Akkulturation geben, das neueste Forschungserkenntnisse und -tendenzen in sich vereint. Tatsächlich existieren mehrere neue Modelle, von denen eines im folgenden Abschnitt vorgestellt wird.

6 Das Interactive Acculturation Model (IAM) nach Bourhis

Das IAM gilt als eine logische Weiterentwicklung des bidimensionalen Akkulturationsmodells von Berry (Chirkov 2009a, 98). Da es außerdem das in den analysierten Artikeln am häufigsten verwendete neue Modell ist, wurde es für eine nähere Erläuterung ausgewählt.

Entwickelt wurde das Modell von Bourhis (2009, 445), um die Beziehungen zwischen Immigranten und Einheimischen besser darzustellen. Es stützt sich auf drei Komponenten: Akkulturationsorientierungen von Migranten in der Gastgesellschaft, Akkulturationsorientierungen von Mitgliedern der Gastgesellschaft gegenüber Mitgliedern bestimmter Immigrantengruppen und davon beeinflusste Beziehungen zwischen Personen und Gruppen. Mit Berrys vier Akkulturationsstrategien als Grundlage geht das Modell davon aus, dass bestimmte Kombinationen dieser Strategien von Einheimischen und Migranten unterschiedlich gut zusammenpassen. Dementsprechend werden die Kombinationen in drei Gruppen eingeteilt: übereinstimmend, problematisch und sich widersprechend (Nigbur et al. 2008, 494). Als übereinstimmend wird die Kombination dann bezeichnet, wenn beide Gruppen die Integration oder Assimilation verfolgen, konfliktreich ist die Kombination dann, wenn die Einheimischen die Separation oder Marginalisierung bevorzugen oder Migranten selbst eine Separationsstrategie verfolgen und als problematisch gelten alle anderen Kombinationen (ebd.).

Laut IAM unterscheiden Einheimische Immigrantengruppen nach deren Status, was die Ergebnisse der Untersuchungen von Bourhis et al. (2009, 461) bestätigen. Das IAM hat neben den schon von Berry postulierten Akkulturationsstrategien *Integrationismus, Assimilationismus, Separationismus* und *Marginalisierung* auch eine Strategie des *Individualismus*. Bourhis betont, dass Menschen mit einer integrationistischen Strategie nur bestimmte Aspekte ihrer Kultur behalten wollen, während sie Hauptmerkmale der fremden Kultur übernehmen. *Individualisten* definieren sich und andere nicht über ihre Zugehörigkeit zu einer Gruppe, sondern vielmehr über ihre persönlichen Charakteristika, weshalb für sie das Erreichen persönlicher Ziele im Gastland wichtiger ist als die Frage, ob sie ihre eigene Kultur behalten oder die fremde Kultur annehmen sollen (ebd., 446). Da sich jedoch Wahrnehmung und Realität auch in Bezug auf Akkulturationsstrategien unterscheiden können, ist es möglich, dass manche Personen sich zwar selbst als Individualisten wahrnehmen und definieren, tatsächlich jedoch beispielsweise die Integrationsstrategie verfolgen. Individualismus als fünfte Strategie zu betrachten darf nicht heißen, den Einfluss der kulturellen Herkunft auf Personen zu leugnen, weshalb eine klare, ausführlichere Beschreibung der Beziehung zwischen Individualismus und den anderen vier Strategien notwendig ist.

Das IAM geht außerdem davon aus, dass auch einheimische Gruppen unterschiedliche Status bei den Immigranten haben. So z.B. haben in den USA Afroamerikaner einen niedrigeren Stellenwert in den Augen der Immigranten als ‚weiße' Amerikaner (Bourhis 2009, 445). Die Ergebnisse der Untersuchungen von Bourhis et al. (ebd., 462) bestätigen, dass assimilierende Immigranten sich eher an den einheimischen Gruppen mit höherem Stellenwert, in diesem Fall den ‚weißen' Amerikanern und nicht den Afroamerikanern, orientieren. Damit beeinflussen sie auch die Machtverhältnisse zwischen konkurrierenden Gruppen der Gastgesellschaft (ebd., 464). Für Immigranten ist Assimilation – in der Annahme, dass ethnische Bindungen durchlässig sind – auch eine Möglichkeit, dem niedrigen Status der Immigrantengruppe zu entkommen (ebd., 463).

Ebenso wie Navas et al. (2009, 70) geht auch Bourhis davon aus, dass Einheimische bei den von Immigranten verfolgten Akkulturationsstrategien bestimmte Präferenzen haben, wobei jene Einheimischen, welche bei Immigranten die Separation bevorzugen, hauptsächlich den Einfluss von Immigranten auf die eigene Kultur fürchten und wenig bis keinen Kontakt zwischen beiden Kulturen wünschen (Bourhis 2009, 446). Die Einstellungen von einheimischen *Integrationisten* und *Assimilationisten* zur Akkulturation der Migranten entsprechen den Einstellungen der Migranten, welche die jeweilige Akkulturationsstrategie verfolgen. *Exklusionistische* Einheimische, welche bei Immigranten Marginalisierung bevorzugen, sprechen Immigranten das Recht ab, kulturelle Merkmale der Gastgesellschaft zu übernehmen und versagen ihnen ebenso die Wahl, ihre eigene Kultur zu bewahren. *Individualistische* Einheimische spielen die Gruppenzugehörigkeit herunter, legen größeren Wert auf persönliche Qualitäten und Leistungen und behandeln Immigranten ebenso wie Angehörige der Gastgesellschaft (ebd., 445).

Eine wichtige Prämisse des IAM ist, dass nicht alle Einwanderungsgesellschaften dominant sind. Die meisten aufnehmenden Gesellschaften bestehen demnach aus mehreren Gemeinschaften, von denen einige mehr und andere weniger dominant sind und welche unterschiedliche Akkulturationsstrategien bei Immigrantengruppen bevorzugen (ebd.). Einheimische, welche die Strategien Assimilation, Separation oder Marginalisierung bei Immigranten bevorzugen, erleben die Beziehungen mit diesen häufig als problematisch und konfliktreich, was das Ergebnis der Studie von Bourhis et al. (ebd, 462) bestätigt. Mitglieder der Gastgesellschaft, welche dagegen bei Immigranten die Strategien Integration oder Individualismus bevorzugen, haben bessere Kontakte zu diesen und erleben weniger Probleme in den Beziehungen mit ihnen.

7 Zusammenfassung und Ausblick

7.1 Beschränkungen der Vorgehensweise

Aus verschiedenen Gründen unterliegt die angewandte Analysemethode Beschränkungen. Aufgrund des eingeschränkten Umfangs konnte in der vorliegenden Abhandlung beispielsweise nur eine begrenzte Anzahl von Artikeln analysiert werden. Deshalb wurden Artikel ausgewählt, die in einem Zeitraum von zweieinhalb Jahren (2007 bis Mitte 2009) veröffentlicht wurden, was die Repräsentativität der Analyse und die Validität der daraus folgenden Aussagen einschränkt.

Ebenfalls aufgrund des beschränkten Umfangs wurden nur Artikel von drei Zeitschriften analysiert, wobei aus einer der Zeitschriften nur ein Artikel[11] stammt. Jede Zeitschrift hat einen bestimmten Autorenstamm und die Auswahl der veröffentlichten Artikel wird von den Herausgebern maßgeblich mitbestimmt, weshalb auch die Artikel der dieser Abhandlung zugrunde liegenden Analyse stark von diesen beiden Zeitschriften geprägt sind. Dies ist nicht unproblematisch, da in dieser Analyse u.a. die Aktualität der Modelle von Berry und Ward untersucht wurde und Ward in einer der beiden Zeitschriften (Journal of Cross Cultural Psychology) als Herausgeberin und in der anderen Zeitschrift (International Journal of Intercultural Relations) gemeinsam mit Berry als beratende Redakteurin tätig ist. Auch dadurch büßen die getroffenen Aussagen an Validität ein.

Abgesehen davon werden beide Zeitschriften von US-amerikanischen Institutionen herausgegeben und sind in Themenwahl, Herkunft der Autoren sowie der Wahl von Untersuchungsgegenständen und –orten stark US-amerikanisch geprägt, weshalb die hier getroffenen Aussagen ihrem Anspruch, einen möglichst breiten Überblick über die internationale Akkulturationsforschung zu geben, nicht gerecht werden. Andererseits ist die Akkulturationsforschung schlechthin

---

11 Brock, Bastian/Haslam, Nick (2009): *Immigration from the perspective of hosts and immigrants: Roles of psychological essentialism and social identity.* ASSP

US-amerikanisch geprägt, sodass auch die Umstände der Analyse eine tatsächliche Gegebenheit widerspiegeln.

7.2 Zusammenfassende Vorschläge für die Akkulturationsforschung

Viele Autoren der analysierten Artikel plädieren für eine breiter gefächerte und differenziertere Akkulturationsforschung, die auch die Gastgesellschaft als im Akkulturationsprozess befindlich betrachtet und Effekte von Akkulturation wie beispielsweise Identitätskonflikte näher betrachtet. Sie schlagen eine interdisziplinäre, kontextbezogene Akkulturationsforschung und ein erweitertes Akkulturationsverständnis vor.

Im Folgenden werden einige dieser Vorschläge ausführlicher dargestellt.

1. Ziel der Akkulturationsforschung sollte sein, die Erfahrungen von Menschen, die kulturelle Grenzen überschreiten, zu beschreiben, zu interpretieren und zu verstehen (Chirkov 2009c, 179). Auch die Bedeutungssysteme kultureller Gemeinschaften sowie die individuellen Bedeutungen, welche für die Handlungen innerhalb dieser Gemeinschaften notwendig sind, soll die Akkulturationsforschung zu verstehen versuchen (ebd.).

2. Viele Forscher setzen sich das Ziel, mit Hilfe ihrer Studien allgemeine Gesetze der Akkulturation zu entdecken. Nach Chirkov (Chirkov 2009a, 100) kann das Ergründen dieser allgemeinen Gesetze, welche mit mehreren, unterschiedlichen Methoden untersucht werden sollten, jedoch nur sekundäres Ziel der Akkulturationspsychologie sein. An erster Stelle muss eine sorgfältige Beschreibung dieser Prozesse in unterschiedlichen historischen, politischen und sozialen Kontexten und Umgebungen stehen (vgl. ebd.).

3. Akkulturationstheorien sollten zusätzlich zu den Fällen, in denen sich eine Person in eine fremde Kultur begibt und dort eine unüberwindbar fremd scheinende Sprache, fremdes Essen und fremde Bräuche vorfindet, auch für profane, alltägliche Ereignisse im menschlichen Leben anwendbar sein (Waldram 2009, 175). Unter ‚Akkulturation' können auch die

täglichen Herausforderungen verstanden werden, denen Personen ausgesetzt sind, wenn wichtige Aspekte ihrer lokalen sozialen Welt im Kontext ihrer individualisierten, kognitiven kulturellen Schemen nicht mehr verständlich sind und sie nicht wissen, wie sie darauf reagieren sollen (ebd., 176).

4. Wie die Analyseergebnisse zeigen, ist der Großteil der Studien darauf ausgerichtet, Hypothesen und Modelle zu testen. Hingegen gibt es nur wenige Studien mit rein explorativem oder deskriptivem Charakter (vgl. Chirkov 2009a, 100). Der Untersuchungsrahmen, der durch die getesteten Hypothesen und Modelle vorgegeben ist, schränkt die Ergebnisse auch ein. Explorative und deskriptive Studien können vielfältigere, neue und detailliertere Ergebnisse hervorbringen (vgl. Chirkov 2009c, 180). Chirkov bemängelt die Oberflächlichkeit der Untersuchungen und die geradezu inflationäre Verwendung von Modellen und Theorien (ebd.). In der künftigen Akkulturationsforschung sollte mehr Wert auf die dynamische, komplexe und dialogische Natur von Kultur und Akkulturation gelegt werden (vgl. Tardiff-Williams/Fisher 2009, 154). Dem könnte vor allem durch die Durchführung von Längsschnittstudien und qualitativen Studien, z.B. in Form von Tiefeninterviews, Rechnung getragen werden.

5. Auch interdisziplinäre Studien, welche unter anderem die Disziplinen Anthropologie, Soziologie, Politikwissenschaften und Geschichte einbeziehen, können neue und vielfältigere Ergebnisse hervorbringen (vgl. Chirkov 2009c). Akkulturationspsychologen sollten daher im ständigen Dialog mit den Vertretern der genannten Disziplinen stehen (vgl. ebd. 180). Tatsächlich werden die theoretischen Entwicklungen der Anthropologie in der interkulturellen Psychologie weitestgehend ignoriert. Andererseits gibt es auch kaum Anthropologen, welche sich der Akkulturationsforschung zuwenden (Waldram 2009, 176). Vor allem die Psychologie kann jedoch einen wertvollen Beitrag zum Verständnis des Akkulturationsprozesses leisten, der Unvertrautes zum Vertrauten werden lässt.

6. Ein von den verschiedenen Disziplinen allgemein anerkanntes Kulturverständnis würde den interdisziplinären Dialog, vor allem zwischen Psy-

chologie und Anthropologie, wesentlich erleichtern (vgl. Waldram 2009, 176).

7. Mehr Studien über Akkulturationsprozesse, die nach Alter und Herkunft der Untersuchungsteilnehmer differenzieren, würden Aussagen über den Einfluss dieser Variablen auf die Akkulturation erlauben.

8. Die psychologischen Veränderungen während der Akkulturation sind weder universell, noch stehen sie außerhalb eines Kontextes (Chirkov 2009b, 91) und sollten daher auch dementsprechend in Abhängigkeit vom historischen, politischen und sozialen Kontext untersucht werden.

9. Die Effekte von Multikulturalismus sollten näher untersucht werden, da es bisher kaum Studien dazu gibt (Tadmor et al. 2009, 134).

10. Da im Zuge der Akkulturation aufgrund von gegensätzlichen Anforderungen der Herkunfts- und der Gastkultur bei den betroffenen Gruppen und Personen häufig Konflikte auftreten, plädiert beispielsweise Ward (2008, 107) für eine verstärkte Untersuchung von Identitätskonflikten.

11. Außerdem braucht es mehr Studien, welche die Veränderungen an Personen untersuchen, die stattfinden, wenn Personen fremder kultureller Herkunft in ihre Gemeinschaft eintreten (vgl. Tardiff-Williams/Fisher 2009, 154).

12. Des Weiteren bieten die Voraussetzungen und Konsequenzen des Strebens nach ethnokultureller Kontinuität sowie der Einfluss von Einzelpersonen auf ihre Gruppe einen fruchtbaren Boden für künftige Forschung, insbesondere angesichts der Globalisierung und der steigenden Migration (vgl. Ward 2008, 111).

13. Eine nähere Untersuchung des Immigrantenparadoxons könnte zeigen, ob die Ursache dafür im Akkulturationsprozess oder woanders liegt. Dies ließe sich feststellen, indem Immigranten nicht nur mit Einheimischen, sondern auch mit Vertretern ihrer eigenen Kultur, welche sich noch in ihrem Heimatland befinden, verglichen werden, da es abgesehen vom Ak-

kulturationsprozess auch andere mögliche Erklärungen für das Phänomen Immigrantenparadoxon gibt, wie z.B. Bildungsorientiertheit der Herkunftskulturen in Verbindung mit besseren Ausbildungsmöglichkeiten im Gastland. In der bisherigen Akkulturationsforschung wird das „Immigrantenparadoxon" noch weitgehend ignoriert (Chirkov 2009c, 178).

14. Angesichts der steigenden Anzahl von Sojourners – Expatriates und Austauschstudenten – in Asien, sollten mehr Studien in asiatischen Gastländern, vor allem in China, durchgeführt werden. Unverhältnismäßig viele Studien untersuchen die Akkulturation im Gastland USA..

15. Konzepte der ‚Diaspora', ‚Diaspora-Kultur', und ‚Diaspora-Identitäten' sollten in die Akkulturationsdiskussion eingebracht werden. Diaspora bezieht sich dabei auf Migranten-Gemeinden, welche vornehmlich ihre (wirklichen oder angenommenen) Bindungen zu ihrer Heimatkultur und ihrem Heimatland aufrechterhalten wollen und sich gleichzeitig als kollektive Gemeinschaft wahrnehmen und als solche handeln (Bhatia/Ram 2009, 141). Nicht alle Menschen, die außerhalb ihrer Heimat leben, können demnach als Diaspora gelten. Als Beispiel lassen sich hier etwa in Deutschland lebende Türken nennen. Diaspora bildet sich dort, wo die Kultur der Immigrantengemeinden in der Gastgesellschaft nicht repräsentiert, sondern häufig still gelegt oder sogar ausgelöscht wird.

16. Außerdem sollte die Frage geklärt werden, wie und in welchen Formen die Ergebnisse von Akkulturationsforschung von Sojourners und Migranten, verschiedenen immigrantenunterstützenden Organisationen und der Gesellschaft im Allgemeinen praktisch umgesetzt werden können (vgl. Chirkov 2009c, 180). Vor diesem Hintergrund sollte das Thema angewandte Akkulturationsforschung im Dialog von interkulturellen Trainern, im Gesundheitswesen tätigen Menschen, Sozialarbeitern in immigrantenunterstützenden Organisationen, Lehrern und anderen Personen, die sich mit den Problemen akkulturierender Individuen auseinandersetzen, intensiv diskutiert werden.

7.3 Fazit

Die hier vorliegende Analyse zeigt, dass das Akkulturationsmodell von John W. Berry am häufigsten als Grundlage für Studien verwendet wird und noch immer viele Akkulturationsforscher darauf aufbauen. Trotzdem wird es zunehmend kritisiert, v.a. wegen der zahlreichen, nicht erfüllten Voraussetzungen für die Akkulturationsstrategien. Es existieren auch mehrere Ansätze, Berrys Modell zu erweitern, indem z.B. Akkulturationsstrategien differenzierter betrachtet werden und verschiedene neue Aspekte einbezogen werden.

Auch das Modell von Ward ist noch im Gespräch, in der Forschungspraxis jedoch von wesentlich geringerer Bedeutung als Berrys Modell. Die Modelle von Oberg und Bennett dagegen sind in der heutigen Akkulturationsforschung so gut wie nicht mehr präsent. Diese Beobachtung ist jedoch nicht nur auf Schwächen der Modelle von Oberg und Bennett zurückzuführen, sondern auch auf den großen Einfluss von Berry und Ward in diesem Wissenschaftsgebiet. Hier zeigt sich, wie stark einzelne Personen auch aufgrund ihrer Positionen in wissenschaftlichen Institutionen die Forschungslandschaft prägen. Dies ist nicht unproblematisch, da auf diese Weise alternative Ansätze verdrängt werden.

In den letzten Jahren wurden verschiedene neue Modelle bzw. Ansätze dieser entwickelt, worunter jedoch vor allem das Interactive Acculturation Model (IAM) als eine Weiterentwicklung des Modells von Berry in der Forschung Beachtung findet. Es bezieht neben den vier Akkulturationsorientierungen von Migranten gegenüber der Gastgesellschaft, wie Berry sie beschreibt, auch Akkulturationsorientierungen der Gastgesellschaft gegenüber den Migranten ein und fügt den vier Strategien außerdem die Strategie des Individualismus hinzu.

Trotz der noch immer starken Prägung durch John W. Berry entwickelt sich die Akkulturationsforschung hin zu einem differenzierteren, dialogischen Verständnis von Akkulturation.

Es bleibt jedoch zu hoffen, dass in Zukunft eine stärkere Präsenz asiatischer bzw. allgemein ‚nicht-westlicher' Perspektiven in der Akkulturationsforschung wirklich neue, alternative Ansätze hervorbringt. Hier eröffnet sich ein weites, spannendes Forschungsfeld.

Literatur

Ammon, Stefanie (2006): Commitment, Leistungsmotivation, Kontrollüberzeugung und erlebter Tätigkeitsspielraum von Beschäftigten in Unternehmen und Behörden im Vergleich. LIT Verlag Berlin-Hamburg-Münster.

Bauer, Gerd (2009): Arbeit-EU, Internationaler Personaltransfer. Verfügbar über: http://www.arbeit-eu.info Stand: 26.08.2009

Bennett, Milton J. (1986). A developmental approach to training for intercultural sensitivity.

International Journal of Intercultural Relations 10 (2), 179-95.

Bennett, Milton J. (1993): Towards ethnorelativism: A developmental model of intercultural sensitivity. In: M. R. Paige (Hg.): Education for the intercultural experience. Yarmouth: Intercultural Press, 21-71.

Berry, John W./Poortinga, Ype H./Segall, Marshall H./Dasen, Pierre R. (1992): Cross-cultural psychology. Research and Applications. Second Edition. Cambridge. Cambridge University Press.

Berry, John W. (2005): Acculturation. Living successfully in two cultures. International Journal of Intercultural Relations 29 (6), 697-712.

Berry, John W./Phinney, Jean/Sam, David L./Vedder, Paul (2006): Immigrant youth in cultural transition. Acculturation, Identity and Adaptation Across National Contexts. Lawrence Erlbaum Assoc Inc.

Berry. John W./Sam, David L. (2006): The Cambridge Handbook of acculturation psychology. Cambridge. Cambridge University Press.

Berry, John W./Phinney, Jean S./Sam, David L./Vedder, Paul (2008): Response to Rudmin's Book Review of Immigrant Youth in Cultural Transition. Journal of Cross-Cultural Psychology 39 (4), 517-520.

Berry, John W. (2008): Globalisation and acculturation. International Journal of Intercultural Relations 32 (4), 328-336.

Bhatia, Sunil/Ram, Anjali (2009): Theorizing identity in transnational and diaspora cultures: A critical approach to acculturation. *International Journal of Intercultural Relations* 33 (2), 140-149.

Black/Mendenhall (1991): The U- curve adjustment hypothesis revisited: A review and theoretical framework for future research. In: *Journal of International Business Studies* 22 (2), 225-247.

Black/Mendenhall (1991): Toward a comprehensive model of international adjustment: An integration of multiple theoretical perspectives. In: *Academy of Management Review* 16 (2), 291-317.

Bourhis, Richard Y./Barette, Geneviève/El-Geledi, Shaha/Schmidt, Ronald (2009): Acculturation Orientations and Social Relations Between Immigrant and Host Community Members in California. *Journal of Cross-Cultural Psychology* 40 (3), 443-467.

Boski, Pawel/Matsumoto, David (2008): Immigrant Youth in Cultural Transition: The Debate Between the Authors and the Reviewer. *Journal of Cross-Cultural Psychology* 39 (2), 15-516.

Brock, Bastian/Haslam, Nick (2008): Immigration from the perspective of hosts and immigrants: Roles of psychological essentialism and social identity. *Asian Journal of Social Psychology* 11 (2), 127-140.

Brislin, Richard W. (2002): *Encouraging depth rather than surface processing about cultural differences through critical incidents and role plays.* University of Hawaii. Verfügbar über: http://www.ac.wwu.edu/~culture/brislin.htm Stand: 11.06.2009

Cemalcilar, Zeynep/Falbo, Toni (2008): A Longitudinal Study of the Adaptation of International Students in the United States. *Journal of Cross-Cultural Psychology* 39 (6), 799-804.

Chirkov, Valery.I./Safdar, Saba/de Guzman, Jacqueline/Playford, Kealee (2008): Further examining the role motivation to study abroad plays in the adaptation of international students in Canada. *International Journal of Intercultural Relations* 32 (5), 427-440

Chirkov, Valery (2009): Critical psychology of acculturation: What do we study and how do we study it, when we investigate acculturation? *International ournal of Intercultural Relations* 33 (2), 94-105.

Chirkov, Valery (2009b): Introduction to the special issue on Critical Acculturation Psychology. *International Journal of Intercultural Relations* 33 (2), 87-93.

Chirkov, Valery (2009c): Summary of the criticism and of the potential ways to improve acculturation psychology. *International Journal of Intercultural Relations* 33 (2), 177-180.

Church, Austin T. (1982): Sojourner Adjustment. *Psychological Bulletin* 91 (3). 540-572.

Cresswell, James (2009): Towards a post-critical praxis: Intentional states and recommendations for change in acculturation psychology. *International Journal of Intercultural Relations* 33 (2). 162-172.

Friedrichs, Jürgen (1980): *Methoden empirischer Sozialforschung*. 14. Auflage. Opladen. Westdeutscher Verlag

Firtz, Marie Väfors/China, Dorothy/DeMarinis, Valery (2008): Stressors, anxiety, acculturation and adjustment among international and North American student. *International Journal of Intercultural Relations* 32 (3), 244-259.

Gong, Yaping/Song, Chang (2007): The relationships of Cross- Cultural Adjustment with Dispositional Learning Orientation and Goal Setting: A Longitudinal Analysis. *Journal of Cross- Cultural Psychology* 38 (1), 19-25.

Halualani, Rona T. (2009): How do multicultural university students define and make sense of intercultural contact? A qualitative study. *International Journal of Intercultural Relations* 32 (1), 1-16.

Henri, Hani M./Hamdi, Nayla/Shedid, Gina (2009): The continuing bonds of US expatriates living in Egypt. *International Journal of Intercultural Relations* 33 (1), 1-10.

Horenczyk, Gabriel/Munajer, Salim J. (2007): Acculturation Orientations Toward Two Majority Groups: The Case of Palestinian Arab Christian Adolescents in Israel. *Journal of Cross- Cultural Psychology* 38 (1). 76-86.

Hu, Adelheid (2003): *Schulischer Fremdsprachenunterricht und migrationsbedingte Mehrsprachigkeit.* Tübingen: Gunter Narr Verlag (= Giessener Beiträge zur Fremdsprachendidaktik)

Kammhuber, Stefan (2000): *Interkulturelles Lernen und Lehren.* Wiesbaden: Deutscher Universitäts- Verlag.

Kealey, Daniel J. (1989): A study of cross- cultural effectiveness: Theoretical issues, practical applications. *International Journal of Intercultural Relations* 13 (3), 387-428.

Kosic/Manetti/Sam (2005): Self-monitoring: A moderating role between acculturation strategies and adaptation of immigrants. *International Journal of Intercultural Relations* 30 (2).141-57.

Kutscher, Nadja, Dr. (2004): *Was sind qualitative und quantitative Forschungsmethoden?* WWW-Redaktion, Wissenschaft oeffentlich. Universität Bielefeld. Verfügbar über:

http://www.unibielefeld.de/Universitaet/Einrichtungen/Zentrale%20Institute/IWT/FWG/Jugend%20online/qualitativ.html

Stand: 09.07.2009

Lamnek, Siegfried (1993): *Qualitative Sozialforschung*. Bd. 1: Methodologie. Weinheim. Psychologie VerlagsUnion.

Landis/Bennett/Bennett (2004): *Handbook of Intercultural Training*. Third Edition. Sage Publications.

Landis, Daniel (2009): *International Journal of Intercultural Relations*. Verfügbar über:
http://www.elsevier.com/wps/find/journaldescription.cws_home/535/description#description Stand: 06.07.2009

Maletzke, Gerhard (1996): *Interkulturelle Kommunikation. Zur Interaktion zwischen Menschen verschiedener Kulturen.* Opladen. Westdeutscher Verlag.

Markovitzky, Gila/Samid, Yuval (2008): The Process of Immigrant Adjustment: The Role of Time in Determining Psychological Adjustment. *Journal of Cross-Cultural Psychology* 39 (6). 782-798.

Miller, Arlene Michaelis/Wang, Edward/Szalacha, Laura A./Sorokin, Olga (2009): Longitudinal Changes in Acculturation for Immigrant Women From the Former Soviet Union. *Journal of Cross- Cultural Psychology* 40 (3). 400-415.

Molzberger, Gabriele (2007) *Rahmungen informellen Lernens. Zur Erschließung neuer Lern- und Weiterbildungsperspektiven.* Wiesbaden: VS- Verlag.

Moosmüller, Alois (2002): *Interkulturelle Kommunikation in der Diaspora: die kulturelle Gestaltung von Lebens- und Arbeitswelten in der Fremde.* Kommission für Interkulturelle Kommunikation. Waxmann Verlag.

Müller, Roland, Dr. phil. (2001-2009): *Der Modellbegriff - Definitionen, Bedeutungs- und Funktionsvielfalt.* Mueller Science. Verfügbar über:
http://www.muellerscience.com/MODELL/Definitionen/Modellbegriff.Definition.htm Stand: 17.06.2009

Navas, Marisol/Rojas, Antonio J./García, Maria/Pumares, Pablo (2007): Acculturation strategies and attitudes according to the Relative Acculturation Extended Model (RAEM): The perspectives of natives versus immigrants. *International Journal of Intercultural Relations* 31 (1), 67-86.

Nigbur, Dennis/Brown, Rupert/Cameron, Lindsey/Hossain, Rosa/Landau, Anick/Le Touze, Dominik/Rutland, Adam/Watters, Charles (2008): Acculturation, well-being and classroom behaviour among white British and British Asian primary-school children in the south–east of England: Validating a child-friendly measure of acculturation attitudes. *International Journal of Intercultural Relations* 32 (6), 493-504.

Oberg, Kalervo (1960): Culture shock. Adjustment to new cultural environments. In: *Practical Anthropology* 7, 177-182.

Open Doors (2008): Open Doors 2008: *International Students in the United States*. Verfügbar über: http://opendoors.iienetwork.org/?p=131590 Stand: 17.07.2009

Pervins, Lawrence A. (1989): *Persönlichkeitstheorien*. Ernst Reinhardt Verlag München Basel.

Reuters, Thomson (2008): *Journal Citation Reports. Journal of Cross- Cultural Psychology*. Sage Publications. Verfügbar über: http://www.sagepub.com/journalsProdDesc.nav?prodId=Journal200947& Stand: 07.07.2009

Rudmin, Floyd (2008): Book Review: IMMIGRANT YOUTH IN CULTURAL TRANSITION: ACCULTURATION, IDENTITY, AND ADAPTATION ACROSS NATIONAL CONTEXTS. *Journal of Cross- Cultural Psychology* 39 (2), 230-233.

Rudmin, Floyd (2008): ICSEY Data Deserve New Analysis: Reply to Berry, Phinney, Sam, and Vedder. Journal of Cross- Cultural Psychology 39 (4), 521-523.

Rudmin, Floyd (2009): Constructs, measurements and models of acculturation and acculturative stress. *International Journal of Intercultural Relations* 33 (2), 106-123.

Safdar, Saba/ Struthers, Ward/van Oudenhoven, Pieter (2009): Acculturation of Iranians in the United States, the United Kingdom, and the Netherlands: A Test of the Multidimensional Individual Difference Acculturation (MIDA) Model. *Journal of Cross- Cultural Psychology* 40 (3), 468-491.

Sam, David L. (2006): *The Cambridge handbook of acculturation psychology*. Cambridge. Cambridge University Press.

Sobre- Denton, Miriam/Hart, Dan (2008): Mind the gap: Application-based analysis of cultural adjustment models. *Journal of Cross-Cultural Psychology* 32 (6), 538-552.

Stevens, Gonneke/Vollebergh, Wilma A.M./Pels, Trees V.M/Crijnen, Alfons A.M. (2007): Problem Behavior and Acculturation in Moroccan Immigrant Adolescents in the Netherlands: Effects of Gender and Parent-Child Conflict. *Journal of Cross-Cultural Psychology* 38 (3). 310-317.

Straub/Weidemann/Weidemann (2007) *Handbuch interkultureller Kommunikation und Kompetenz*. Stuttgart/Weimar. Metzler-Verlag.

Tadmor, Carmit T./Tetlock, Philip E./Peng, Kaiping (2009): Acculturation Strategies and Integrative Complexity: The Cognitive Implications of Biculturalism. *Journal of Cross-Cultural Psychology* 40 (1), 105-139.

Tardiff-Williams, Christine-Yvette/Fisher, Lianne (2009): Clarifying the link between acculturation experiences and parent–child relationships among families in cultural transition: The promise of contemporary critiques of acculturation psychology. *International Journal of Intercultural Relations* 33 (2), 150-161.

Te Lindert, Anett/Korzilius, Hubert/van de Vijver, Fons J. R./Kroon, Sjaak/ Arends-Tóth, Judith (2008): Perceived discrimination and acculturation among Iranian refugees in the Netherlands. *International Journal of Intercultural Relations* 32 (6). 578-588.

Thomas, Alexander (1996): *Psychologie interkulturellen Handelns*. Göttingen. Verlag für Psychologie.

Thomas, A./ Kinast/ Schroll-Machl (2003): *Handbuch Interkulturelle Kommunikation und Kooperation. Bd. 1: Grundlagen und Praxisfelder*. Göttingen. Vandenhoeck & Ruprecht.

Varela, Enrique R./Steele, Ric G./Benson, Eric R. (2009): The Contribution of Ethnic Minority Status to Adaptive Style: A Comparison of Mexican, Mexican American, and European American Children. *Journal of Cross-Cultural Psychology* 38 (1), 26-33.

Wagner, Wolf (1999): *Kulturschock Deutschland.* Hamburg. Rotbuch-Verlag

Waldram, James B. (2009): Is there a future for "Culture" in acculturation research? An anthropologist's perspective. *International Journal of Intercultural Relations* 33 (2), 173-176.

Walsh, Sophie/Shulman Shmuel/Maurer, Offer (2009): Immigration distress, mental health status and coping among young immigrants: A 1-year follow-up study. *International Journal of Intercultural Relations* 32 (5), 371-384.

Ward, Colleen (2004): Psychological theories of culture contact and their implications for intercultural training and interventions. In: Landis/Bennett/Bennett (2004): *Handbook of Intercultural Training.* Third Edition. Sage Publications, 185 – 205.

Ward, Colleen/Bochner, Stephen/Furnham, Adrian (2001): *The psychology of culture shock.* Second edition. Routledge.

Ward, Colleen/Kennedy, Antony (1999). The measurement of sociocultural adaptation.
International Journal of Intercultural Relations 23 (4), 659-677.

Ward, Colleen (1996): Acculturation. In: Dan Landis & Rabi S. Bhagat (Eds.): *Handbook of intercultural training* (124 - 147). Thousand Oaks: Sage.

Ward, Colleen (1990): The predictions of psychological and sociocultural adjustment during cross-cultural transitions. *International Journal of Intercultural Relations* 14 (4), 449-464.

Ward, Colleen (2008): Thinking outside the Berry boxes: New perspectives on identity, acculturation and intercultural relations. *International Journal of Intercultural Relations* 32 (2), 105-114.

Weidemann, Doris (2004): *Interkulturelles Lernen.* Dissertation. Bielefeld: Transcript.

Weidemann, Doris (2006). Exploring intercultural learning: Potential and limits of the ‚structure formation technique'. In: Jürgen Straub, Doris Weidemann, Carlos Kölbl and Barbara Zielke (eds.): *Pursuit of Meaning. Advances in Cultural and Cross-Cultural Psychology.* Bielefeld: Transcript.

Weinreich, Peter (2009): 'Enculturation', not 'acculturation': Conceptualising and assessing identity processes in migrant communities. *International Journal of Intercultural Relations* 33 (2), 124-139.

Wengert, Veronika (2005): Kulturschock-Phänomene im Erleben deutschsprachiger temporärer Arbeitsmigranten in Russland. In: Karajoli/Spassov (Hrsg.) *Medien und interkulturelle Kommunikation. Sofia: Südosteuropäisches Medienzentrum.* Verfügbar über: http://soemz.euv-frankfurt-o.de/mik/v_wengert.htm Stand: 07.07.2009

Williams, K./Aghdami, R. (2005): Managing Migration: The applied psychology of international transitions. Journal of Intercultural Communication, issue 8. Verfügbar über: http://www.immi.se/intercultural/nr8/aghdami.htm Stand: 11.06.2009

Yagmurlu, Bilge/Sanson, Ann (2009): Acculturation and Parenting Among Turkish Mothers in Australia. Journal of Cross-Cultural Psychology 40 (3), 361-380.

Zakaria, Norhayati (2000): The effects of cross-cultural training on the acculturation process of the global workforce. International Journal of Manpower 21. University Utara Malaysia, Jitra Kedah, Malaysia. Verfügbar über: http://www.emeraldinsight.com/Insight/ViewContentServlet?Filename=Published/EmeraldFullTextArticle/Articles/0160210604.html Stand: 07.07.2009

Abonnement

Hiermit abonniere ich die Reihe **Kultur – Kommunikation – Kooperation (ISSN 1869-5884),** herausgegeben von Gabriele Berkenbusch und Katharina von Helmolt,

❒ ab Band # 1

❒ ab Band # ___

  ❒ Außerdem bestelle ich folgende der bereits erschienenen Bände:
  #___, ___, ___, ___, ___, ___, ___, ___, ___, ___, ___, ___

❒ ab der nächsten Neuerscheinung

  ❒ Außerdem bestelle ich folgende der bereits erschienenen Bände:
  #___, ___, ___, ___, ___, ___, ___, ___, ___, ___, ___, ___

❒ 1 Ausgabe pro Band ODER ❒ ___ Ausgaben pro Band

Bitte senden Sie meine Bücher zur versandkostenfreien Lieferung innerhalb Deutschlands an folgende Anschrift:

Vorname, Name: ______________________________

Straße, Hausnr.: ______________________________

PLZ, Ort: ______________________________

Tel. (für Rückfragen): ________________ *Datum, Unterschrift:* ______________

Zahlungsart

❒ *ich möchte per Rechnung zahlen*

❒ *ich möchte per Lastschrift zahlen*

bei Zahlung per Lastschrift bitte ausfüllen:

Kontoinhaber: ______________________________

Kreditinstitut: ______________________________

Kontonummer: ______________________ Bankleitzahl: __________________

Hiermit ermächtige ich jederzeit widerruflich den *ibidem*-Verlag, die fälligen Zahlungen für mein Abonnement der Reihe **Kultur – Kommunikation – Kooperation** von meinem oben genannten Konto per Lastschrift abzubuchen.

Datum, Unterschrift: ______________________________

Abonnementformular entweder **per Fax** senden an: **0511 / 262 2201** oder 0711 / 800 1889 oder als **Brief** an: *ibidem*-Verlag, Julius-Leber Weg 11, 30457 Hannover oder als **e-mail** an: **ibidem@ibidem-verlag.de**

***ibidem*-Verlag**

Melchiorstr. 15

D-70439 Stuttgart

info@ibidem-verlag.de

www.ibidem-verlag.de
www.ibidem.eu
www.edition-noema.de
www.autorenbetreuung.de